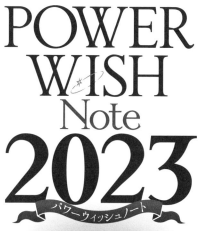

POWER WISH Note 2023

パワーウィッシュノート

パワーウィッシュ創始者

Keiko

2023. 3/22 牡羊座 新月 － 2024. 3/10 魚座 新月

KODANSHA

JN042323

❖ Contents

＊ QRコードは
（株）デンソーウェーブの
登録商標です

＊目次

この1枚に
2023年の
パワーが凝縮！

巻末付録
Keikoオリジナル

パワーウィッシュ・
ブースティング
シート

✳ Introduction

はじめに

　強いチームには必ず優秀な監督がいるし、成功している企業には辣腕コンサルタントがいるもの。彼らが何をしているのかといえば、戦略を立てているのですよ。そう、勝つための戦略を！　勝ちたい、成功したいと思うなら戦略を立てることは必要不可欠。そしてそれは、人生においても同じこと。

　「え、でも私、勝ちたいなんて思ってないし…」と感じた方、いらっしゃるかしら？　でも、勝ちたいと思ってないならそもそも、このノートは手に取っていないはず。とはいえ、「勝ちたい」の意味を取り違えてる方はもしかするといらっしゃるかもしれないわね。

　私がここでいう勝利は人を蹴落として勝つ、という意味じゃない。**勝つべき相手はあくまでも、自分自身。**気弱な自分、つい否定的になってしまう自分自身に打ち勝って、**望むものを手にし、思い描いた現実を手に入れる**──そのプロセスこそが「**勝つ**」ということなの。

　私が今回、勝つことにこだわっている理由は、たったひとつ。**2023年が「牡羊座木星期」でスタートす**

るから！　この**牡羊座**は「**勝負**」を意味するサイン（星座）。一年のエネルギーを決める宇宙元旦にラッキースター木星が牡羊座にあること自体、**2023年は「勝ちに行くべき年」**ということ。

　そうすることで運が開けることを物語っているのね。

　さらに、牡羊座木星期から始まる2023年が、12年サイクルの1年目であることも忘れちゃいけない。そう、**2023年3月21日から、今後12年間におよぶ新たな気運がなだれ込んでくる**のですよ！

　そんな重要な1年だからこそ、必要になってくるのが「戦略」。どのタイミングでどう行動し、いつ何を手放すか。自分の強みをどう活かし、誰とつながるか…etc. それらはみな、宇宙がちゃーんと教えてくれること。

　新月・満月のテーマに合わせ、あなたの願いと意志を宇宙に伝える──これこそが最高の戦略なのよ。

新月満月を最強効率で遣う Keiko's占星術で 人生をイメージ通りにクリエイト

パワーウィッシュノートを使えば 宇宙にエコヒイキされるのはいとも簡単！

願いが叶うかどうかはズバリ、「書き方」しだい。願いがなかなか叶わないと、「真剣さが足りなかったんだわ」とか「瞑想してから書くべきだったのかも」などと思う方もいらっしゃるようだけど、正直、そんなこと一切関係ナシ。**重要なのは「宇宙をその気にさせる書き方をすること」**──究極、これだけなのよ。

宇宙ってけっこう単純だから（笑）、自分のペースについてこられる人をエコヒイキするクセがあるの。なので私たちとしては、新月と満月の違いやサイン（星座）の違いといった、**その時々の宇宙コンディションにしっかり合わせて書くことが何よりも大事**。もちろん、宇宙とアンカリングしてから書くのは大前提よ。ここではまず、「パワーウィッシュのルール」の確認を。

Rule 1 新月は決意にフォーカスし、満月は感謝の気持ちを書く

パワーウィッシュの基本は新月と満月、両方のエネルギーをバランスよく使うこと。「新月で意図し（=種をまき）、満月で受け取る（=収穫する）」のが宇宙サイクルだからよ。宇宙コンディションに合わせたパワーウィッシュでは、新月で決意にフォーカス、満月で感謝の気持ちをつづるのが基本。満月では、未来のことでも、すでに叶ったつもりで書くのがコツよ。

Rule 2 新月・満月が起こるサインの「得意分野」を意識する

新月と満月が、原則として毎回違うサイン(星座)で起こることをご存じかしら? たとえば2023年9月の新月は乙女座、10月の新月は天秤座とか。満月も同じね。つまり、新月・満月という点は同じでも、もっているエネルギー(=願いが叶いやすい分野)が違うのね。サインの得意分野を意識して書けば、現実化もスムーズよ。

Rule 3 なぞるだけ! アンカリングフレーズ(冒頭)とアンカリングワード(締め)は成就の神髄

アンカリングフレーズは、宇宙Wi-Fiのスイッチを入れ、宇宙とあなたをつなぐ魔法の言葉。新月と満月では違うフレーズなので注意して。ただし、このノートではなぞるだけでよい設計に。パワーウィッシュの冒頭がアンカリングフレーズで、「締めの言葉」がアンカリングワード。これもページ下に載っているから安心ね。

Rule 4 波動の高い言葉を遣って宇宙とのつながりを強化

「アンカリングフレーズ」「アンカリングワード」を遣うと、なぜ宇宙と瞬時につながれるのか? それは、言葉自体がパワフルな波動をもっているから。波動の高い言葉は大きな呼び出し音、宇宙に対するアピール道具なのね。「愛」「感謝」「信頼」など高波動の言葉を盛り込んだパワーウィッシュは、宇宙と波動を合わせるアクションそのもの。

※波動の高い言葉の具体例は、『新月・満月のパワーウィッシュ Keiko的 宇宙にエコヒイキされる願いの書き方』(P.58 パワーワード例)をご覧下さい。

Rule 5 新月・満月から10時間以内に書き終える

パワーウィッシュは「可能性の種まき」。新月・満月が起こる正確な時間から「10時間以内に書き終える」ことが、この種を速く大きく育てるコツよ。10時間以内というのは、私が長年経験してきたなかで「パワーウィッシュ効果が高い」と実感できた時間。もし無理であれば、24時間以内に。気をつけてほしいのはフライング。時間前に書くと効果は半減。

人生を確実にクリエイトしたい！
ならば、5つのテクで宇宙に念押し♪

精度を上げる上級テクニックも
パワーウィッシュノートを使えば楽々と！

　前ページの「パワーウィッシュのルール」を守っていただければ、たいていの願いは叶うはず。とはいえ、願いの中には当然、難易度の高いものもあるわよね。**願いと現実の差が大きければ大きいほど、難易度も上がってくるのは当然のこと。**

　でも、だからといって、「こんな夢みたいなこと叶うわけないわ」などと思ってほしくないの。すぐ手の届くようなことだったら、わざわざパワーウィッシュを書く必要もないでしょ？

　難易度の高いことを叶えたいなら、**それなりの策を講じないといけない。それが、ここでご紹介する5つのテクニック。**「確実に叶えたい！」「最速で叶えたい！」というときも、この5つは有効。ピンときたものだけやってみるのもOKよ。

**月星座を
調べたい方は
Keikoの
無料ホロスコープ
サイトへ。**
moonwithyou.com

Technique 1　マイ月星座での新月・満月なら
ミラクルウィッシュに!!

マイ月星座での新月・満月とは、「あなたの月星座」で起こる新月・満月のこと。この究極のパワーチャージデーがめぐってくるのは、通常1年に2回（新月・満月1回ずつ）。この日は宇宙のパワーがあなたに集中するので、ムリめのことも躊躇せず書いてみて。パワーウィッシュを書ける時間も48時間に延長するし、このときばかりは、サインのテーマも気にしなくてOK！

Technique 2 水星逆行のタイミングで 見直しをすればカンペキ

水星は「文字」「言葉」を司る惑星。水星が逆行する3週間（年に3〜4回）は、以前書いたものを見直す絶好のチャンス！音読すると潜在意識により深く刷り込まれ、願いが叶いやすくなる効果が。いわば念押しね。以前書いたものの修正も可。イメージングやムーンコラージュを実行するのもオススメよ。

Technique 3 ムーンコラージュの力を借りて、願いを最速で現実化

パワーウィッシュノートは、見開きページの右側にパワーウィッシュを書き、左側にそれを象徴する写真やイラストを貼りつける（ムーンコラージュ）仕様。新月・満月の日に両方やってもいいし、水星逆行中にムーンコラージュだけやるのもOK。イメージング効果でよりスピーディに宇宙に伝わるわ。

Technique 4 ムーンウォーターとのコラボで成就力アップ

やり方は2通り。[A]ノートにパワーウィッシュを書き、そのページの上に水を入れたブルーのガラスボトルを置いて、2時間以上月光浴させる。[B]2時間以上月光浴させたムーンウォーターを飲みながら、パワーウィッシュを書く。[A]なら、飲むことでパワーウィッシュの指令が細胞まで伝わり、[B]であれば、ムーンウォーターがもつ月の波動にサポートされながらパワーウィッシュが書ける。月光浴中に指定のカードをボトルの下にしくと、さらに月の波動が深く入ります。しっくりくるほうを。

Technique 5 アンカリングカード、アクティベイティングカードからヒントをもらう！

水星逆行中、成就力アップの強い味方は『アンカリングカード』と『アクティベイティングカード』。ともすればちぐはぐになってしまう意識と行動を同期させ、潜在意識を呼び覚ます効果があります。水星逆行中は左脳の動きが鈍りがちになるため、右脳で情報をキャッチできる2つのカードが大活躍。カードが与えてくれる客観的な情報が、目からウロコのヒントになることも多々。

ノートの書き方 - 1

新月・満月を把握する

サインの得意分野

新月・満月が起こるサイン（=星座）の得意分野をピックアップ。意識してパワーウィッシュに盛り込めば、願いの現実化が驚くほどスムーズに。

新月or満月の起こる日時とサイン

新月・満月は「宇宙Wi-Fi」がバンバンとびかう日。パワーウィッシュを書くべきそのタイミングと、宇宙コンディション（=サインなど）がひと目でわかる！

Keikoのパワーウィッシュリチュアル（Keikoの動画解説）

パワーウィッシュアカデミー会員（有料）に向けたプレミアム音声サービス。Keikoが音声と動画で、その時々の天空図を解説しつつ、願いを叶えるためのヒントをたっぷりと！プレメモのヒントになるコーチングは新月・満月の3日前に配信。

叶いやすいパワーウィッシュ例

サインの得意分野を盛り込んだ、実際のパワーウィッシュ具体例を紹介（新月は2つ、満月は1つ）。アンカリングワードは色文字になっているので一目瞭然。

2023/3/22 ✦ 02:24

牡羊座
新月のパワーウィッシュ①

Aries
New Moon

新月当日！
Keikoの動画アドバイス♪

叶えてくれるもの

✦ 新しいことをスタートさせる
✦ 展開をスピーディにする
✦ 組織を出て独立する、自立する
✦ 勇気をもってチャレンジする
✦ トップの座を手にする
✦ 好きな道を突き進む
✦ 逆境をはねのけて勝利を手にする
✦ 自分らしい人生を生きる
✦ 直感で生きることを当たり前にする
✦ スポーツ、エクササイズに関すること
✦ 顔、髪、頭に関すること

牡羊座新月に叶いやすいパワーウィッシュ例

「私は5月17日付けでウェブデザイン＆コンサルの会社を立ち上げ、初年度売り上げ2千万を達成することを意図します」

「私はこの夏淡路島に引っ越し、彼と二人で第二の人生をスタートさせることを意図します」

Premium Power Wish
マイ月星座・牡羊座のあなたに贈るプレミアムパワーウィッシュ

「私は最高の人生を生きるために必要な勇気と行動力を、最速で受け取ることを意図します」

2023
3/22
02:24
牡羊座 ＋ 新月 ①

28　POWER WISH Note 2023

> 1ページ目

プレミアムパワーウィッシュとは？

あなた本来のパワーや才能を根底から引き出し、「引き寄せ力」を徹底強化する特別なパワーウィッシュ。あなたの月星座で新月・満月が起こるとき、パワーウィッシュのひとつとして書いてみて（文章は適宜変えていただいてOK）。

パワーウィッシュを書くまでに
気づいたことをメモ

パワーウィッシュを書くのは正確な新月・満月時間を過ぎてから。それ以前に頭に浮かんだ願望は、このスペースを使ってランダムにメモ。満月の場合は、「起こったシンクロ・嬉しかったこと・幸せだったこと」も追加して。

プレメモを
有効利用する

Pre Memo

PWを書く前に引いた
アンカリング or アクティベイティングカード　□番

トレーナー
オンラインサロン
起業する
アシスタントを募集
TikTok

アンカリングカードor
アクティベイティングカード
からヒントをもらう

宇宙とあなたをつなぐホットライン（=アンカリングカード）を使って、パワーウィッシュのイメージを広げていくのも手。一方、実際のアクションのヒントは、アクティベイティングカードが得意。パワーウィッシュを書く前のウォーミングアップとして2つのカードが最高の相棒に。

ムーンウォーター情報

水を月光浴させるのに最適な時間
18:11 〜 23:43

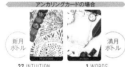

ボトルの下に敷くカード
アンカリングカードの場合

新月ボトル　27.INTUITION　　満月ボトル　1.WORDS

アクティベイティングカードの場合

新月ボトル　34.Think Rich　　満月ボトル　5.Be Efficient

ムーンウォーター情報

新月の夜に作る「ニュームーンウォーター」と満月の夜に作る「フルムーンウォーター」は宇宙の波動を細胞レベルにおとしこむ最も有効な手段。パワーウィッシュと組み合わせれば宇宙とのアンカリングがより強力に。新月・満月カレンダー&ムーンウォーターに関する情報は以下のQRコードから。（新月&満月ボトルはK'sセレクションのアイテム）

願いを叶える
Power Wish Yoga
詳しいポーズはこちら　→ →

◇◇◇ Keiko's Advice ◇◇◇
天空図から読み解く、この日の
パワーウィッシュヒント

✦ 自分らしさと収入がリンク
2023年は牡羊座新月が2回。宇宙元旦から24時間も経たないうちに起こる1回目は、牡羊座0度の新月！　まるで宇宙元旦のエネルギーを念押しするかのようなこの新月は「お金」「経済基盤」のハウスに入り、金脈を引き寄せるパワー十分！　あなたが最も得意なこと、自分らしいと思える分野で可能性の種まきを。直感が冴えわたるときなので、この時期ピンときたことは後々収入につながる可能性大。10天体順行の勢いと相まって、普通なら3年かかるところをたった半年で達成……などということも。

✦ 願いを叶えるワンプッシュ
この新月で書くことはいわば「新年の抱負」。2023年中に成し遂げたいことを言葉にして。

2ページ目

パワーウィッシュヨガ動画

新月・満月が起こるサインに対応するボディパーツを、気持ちよくストレッチできるヨガのポーズ。QRコードから動画解説へ（Keikoの音声あり）。

Keikoが読み解く、この日の
パワーウィッシュ・ヒント

パワーウィッシュを叶えやすくするコツは、その時々の宇宙コンディションに合わせた文章を書くこと。Keikoの解説をヒントに、宇宙が織りなすエネルギーを上手に取り入れて。

ノートの書き方 - II

ムーン
コラージュに
トライ

書いた願いを象徴する写真を貼る

雑誌の切り抜き、ネットで見つけた写真のプリントアウト……あなたのパワーウィッシュを象徴し、叶った状態を鮮やかにイメージングできる画像を選んで。

パワーウィッシュの
ヒントになる言葉

その日の宇宙とつながりやすい言葉をランダムに掲載。パワーウィッシュを書くヒントになるのはもちろん、その言葉が刺激となって、あなたの理想の姿・状態がイメージとして脳内に浮かんでくることも！

月のパワーを吸収する
パワーウィッシュのロゴ

ヨーロッパ貴族の紋章を思わせる装飾的なこのロゴは、月のパワーを吸収する様々な仕掛けを盛り込んだもの。ムーンコラージュに月のパワーが宿り、命を吹き込む効果が。

スタートダッシュ

自立する

勝負に出る

MOON COLLAGE

牡羊座
新月のムーンコラージュ

右ページに書いたパワーウィッシュを
象徴する写真を貼りましょう

30　POWER WISH Note 2023

3ページ目

パワーウィッシュを書く

牡羊座新月のパワーウィッシュ①

私がここで願うことは宇宙意志と完全に調和し、世の中に愛と繁栄を
もたらす最良の方法であると確信しています。
私が今から願うことを通して、この世に生きとし生けるすべてのものに、
私の愛と力が速やかに届くことを意図します。

私は、ヨガとストレッチの人気講師として9月牡羊座満月までに
独立し、月収100万円を達成することを意図します。

私は、オンラインレッスンとリアルレッスンのバランスが良いプログラム
を組み、SNSを使って効率的に集客することを意図します。

宇宙Wi-FiをONにする
アンカリングフレーズ

パワーウィッシュの冒頭はアンカリングフレーズでスタート。すでに下書きしてあるからなぞるだけでOK。音読しながら書けば、今いる空間まで高波動に！

パワーウィッシュを
書き込もう

新月・満月時間から、10時間以内に書き終えるのが理想。満月のパワーウィッシュでは願いごとのほかに、最近起こった嬉しいことやシンクロを書きだすのも◎。満月ではまた、手放したいものをリリースウィッシュとして書くのも効果大！

水星逆行期間中は
文章を修正してもOK

水星逆行中はパワーウィッシュを見直す絶好のチャンス。書いたパワーウィッシュを修正したり、気づいたことを書きとめたり、音読したり、ムーンコラージュを追加してイメージングをしたり……。好きな方法で宇宙に「念押し」をしましょう。

アンカリングワード：私は〜を意図します／〜よう意図します

＞ 4ページ目

アンカリングワードも忘れずに

パワーウィッシュの神髄ともいえる部分。この締めの言葉があなたの願いを宇宙に確実に届けてくれる。新月・満月の違いをこの締めの言葉で味わって。

Keikoオリジナル
「パワーウィッシュ・ブースティングシート」
の使い方

牡羊座木星期〜牡牛座木星期を象徴する画像。視覚からエネルギーを取り込み、パワーウィッシュを書くと◎。

この1枚に2023年のパワーが凝縮！

2023年の宇宙元旦図
宇宙元旦のエネルギーを可視化することは、宇宙のパワーを受け取る有効な方法。タイミングによる強弱はあれど、この日のエネルギーが1年間続くと考えて。

パワーウィッシュ・ブースティングシートとは？

宇宙元旦のホロスコープと一年を象徴するイメージをビジュアルにして組み合わせたシート。下敷きにすれば皆さんが書くパワーウィッシュも威力倍増！ 宇宙とのアンカリングがよりスムーズに。

「宇宙元旦セレモニー」のやり方

1. 【3月20日】①巻末のブースティングシートを切り取り、下にある白枠内に「宇宙元旦パワーウィッシュ」を書く。宇宙元旦は書き方にこだわらず、自由に。2023年の抱負を書くつもりで。②パワーウィッシュノートの上にブースティングシートを置き（記入した面が上）、コットンかシルクの布で包む。③20日の夜はこれを枕元に置いて就寝。

2. 【3月21日】宇宙元旦当日。朝起きたら、枕元のノート＆シートを布に包んだまま玄関の棚の上などに置いておく。翌日、牡羊座新月（1回目）のパワーウィッシュを書くまで、そのままでOK。

3. 【3月22日】02:24から24時間以内にパワーウィッシュを書く。以上で宇宙元旦パワーチャージセレモニーは完了です。

パワーウィッシャー注目の
惑星アクションも厳選ピックアップ

新月・満月 & 水星逆行
早見表
2023 3/21 ～ 2024 3/20

2023

土星魚座入り	3/7 ＊ 22:34	
宇宙元旦	3/21 ＊ 06:24	
牡羊座 新月①	3/22 ＊ 02:24	
冥王星水瓶座入り	3/24 ＊ 00:24	
天秤座 満月	4/6 ＊ 13:36	
牡羊座 新月②	4/20 ＊ 13:14	
冥王星逆行開始	5/2 ＊ 02:09	
蠍座 満月	5/6 ＊ 02:35	
木星牡牛座入り	5/17 ＊ 02:21	
牡牛座 新月	5/20 ＊ 00:54	
射手座 満月	6/4 ＊ 12:43	
冥王星山羊座戻り	6/11 ＊ 15:16	
双子座 新月	6/18 ＊ 13:38	
山羊座 満月	7/3 ＊ 20:40	
蟹座 新月	7/18 ＊ 03:33	
水瓶座 満月	8/2 ＊ 03:33	

獅子座 新月	8/16 ＊ 18:39
魚座 満月	8/31 ＊ 10:37
乙女座 新月	9/15 ＊ 10:41
牡羊座 満月	9/29 ＊ 18:59
天秤座 新月	10/15 ＊ 02:56
牡牛座 満月	10/29 ＊ 05:25
蠍座 新月	11/13 ＊ 18:29
双子座 満月	11/27 ＊ 18:17
射手座 新月	12/13 ＊ 08:33
蟹座 満月	12/27 ＊ 09:34

2024

山羊座 新月	1/11 ＊ 20:59
獅子座 満月	1/26 ＊ 02:55
水瓶座 新月	2/10 ＊ 08:00
乙女座 満月	2/24 ＊ 21:32
魚座 新月	3/10 ＊ 18:02
宇宙元旦	3/20 ＊ 12:08

水星逆行 ＊詳しくはp.22を参照
2023 4/21 ～ 5/15
2023 8/24 ～ 9/16
2023 12/13 ～ 2024 1/2

✳ ボイドタイムでもお構いなし!
パワーウィッシュはボイドタイムの影響をうけません。気にせず書いていただいて結構です。
※ボイドタイム:月が他の天体とアスペクトを取っていない時間。

※3月21日からの早見表ですが、3月7日土星魚座入りは明記しています。

2023年は牡羊座木星期でスタート！ 宇宙との「戦略会議」で 積極的に勝ちに行く！

12年サイクルの始まり

　宇宙カレンダーにおける一年が「宇宙元旦」から始まるのは、みなさんご存じの通り。一般的に春分と呼ばれるこの日は、太陽が一年の旅路を終え、牡羊座 0 度にめぐりくる日。一年365日の中でもっとも重要な日のひとつなのね。なんたってこの日のエネルギーが、その後一年の行方を決めるんですもの！

　ここで注目すべきは「ラッキースター木星が何座にあって、どういう状態にあるか」ということ。

　それでいうと、2023年宇宙元旦のこの日、木星があるのは牡羊座。「2023年は牡羊座木星期で幕を開ける」というのは、そういう意味なのね。この木星、2ヵ月後には牡牛座へ移ってしまうものの、宇宙元旦のエネルギーが1年間にわたって影響し続けることを考えれば、2023年、牡羊座の性質が色濃く反映されてくるのは明らか。

　12星座のトップバッター牡羊座は「ここからすべてが始まる」という、きわめて重要なポジションを担うサイン。覚えておいてほしいのは、**この牡羊座にラッキースター木星がある年は、すべての人にとって「新しい12年サイクルの始まり」**であるということ。

　これまで大成功していようが、どん底に堕ちていようが関係ない、ここでいったんチャラ。みんなが同じスタート地点に立つということなの。

宇宙は最強のアドバイザー

だからこそ、「戦略」。牡羊座木星期で幕を開ける2023年は、今後12年を見据えた戦略を立てる、絶好のタイミングなのですよ！

だからといって「さあ、今後12年間の長期目標を立てましょう」などと言うつもりは毛頭なし。**むしろそれは、オススメしない。**地の時代ならまだしも、3日あれば常識が塗り替えられてしまうことすらある風の時代、12年後なんて遠すぎる。現実的じゃないもの。

大切なのは、**12年**というロングスパンも、結局は**1年1年の積み重ね**だってこと。そしてその1年は、**2週間ごとに新月・満月を繰り返す**ことで成り立ってる。つまり、新月・満月のサイクルをベースに戦略を立てるのが、いちばん効率的なのですよ。

ここで「戦略ってどう立てるの？」と思った方はいらっしゃるかしら。コーチやコンサルタントがいるわけでもない私が、戦略なんて立てられるかしら……と。でも、大丈夫、ご心配には及びません。

あなたには宇宙という最高のコーチがいるでしょ？

稀代の名監督や辣腕コンサルタントの手腕をもってしても、宇宙という名コーチには遠く及ばない。なんたって宇宙は、**「運とチャンス」を創り出している"張本人"。**その宇宙からコーチングを受けるって、試験問題を作ってる人に合格へのアドバイスをしてもらうようなもの。これ以上心強いことはないと思わない？

宇宙の意図は新月・満月に宿る

では、その宇宙のアドバイスを受け取る方法とは──「**宇宙のアドバイスはすべて、新月・満月に表れる**」。重要なのは、まさにココ！正確にいうと、新月図と満月図（新月・満月になった瞬間の天空図）に描かれている10天体の配置を見れば、宇宙のメッセージもアドバ

イスも、すべて読み取れてしまうということなの。

　今後予想される世の中の動きはもちろん、いま何を手放し、どこに焦点を当てるべきか。自分のどの部分を補強し、どこを改めればいいのか。このタイミングでやっておくべきことは？　いま想いを伝えても大丈夫？　新しい出会いがありそうなシーンは？……etc.こうしたことすべて、新月・満月を通して宇宙が教えてくれるのですよ。シリアスなテーマから好きな人へのアプローチ術まで、宇宙のアドバイスはまさにオールマイティー。

　もちろん、あなた自身が新月図や満月図が読めなくたって一向にかまわない。ポイントはすべて、このノートにまとめてあるんですもの。あなたはただ、パワーウィッシュを書くだけでOKよ。

願いを叶える人の共通点

　次から次へと願いを叶えていく人がいれば、いくら願っても叶わない人もいる。その違いはどこにあるのか──。これはいくつか理由があるんだけど、最近、パワーウィッシュアカデミーのみなさんからのメールを読んでいて、気づいたことがひとつ。

　それは、願いを叶えてる人たちは「12サイン（星座）のパワーウィッシュ、どれも満遍なく書いている」ってこと。お金や結婚がテーマのときは書くけど、自己表現やチームワークがテーマのときは書かない……などというえり好みがないのね。

　これって、考えてみれば当たり前。身体だってそうでしょ？　好きだからといって唐揚げや天ぷらばっかり食べてたら、健康になんてなれやしない。たとえ好きでなかったとしても野菜、果物、豆、キノコ、肉、魚……といろんな種類を意識して摂ってると、心身がおのずと健

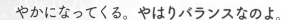

やかになってくる。やはりバランスなのよ。

旬のエネルギーで願いが叶う

　健康でいえばもうひとつ、旬のものをいただくのも大事なこと。旬のものにはパワーが宿ってるからね。それでいうと、新月と満月って、まさに「旬」!　宇宙が織りなす旬のエネルギーそのものなのね。新月・満月を通してその時々の「宇宙の旬」を受け取る──これこそが、パワーウィッシュの醍醐味。

　実際、宇宙が送ってくるアドバイスはけっこうバラエティに富んでいて。私も毎回、新月図・満月図を読んでいて、「なるほど、そうくるか」って意外に思うこともあるけれど、でも、宇宙が指示してくることに矛盾はない。エネルギーはすべてつながってるから。

　その都度宇宙が指し示す方向に意識を向けていけば、どんな種類の願いもいずれ叶うようになってるのよ。

12星座は幸せになるシステム

　新月と満月が基本的に毎回、違うサインで起こるのはご存じの通り。そもそも12星座というシステムは、幸せな人生を送るために満たしておくべき12の要素を示しているのね。逆にいえば、充実した一生を送るために取り組むべきテーマは12種類あるってこと。

　とはいえ、私たちの中で、12のテーマすべてに取り組めてる人なんて、滅多にいない。私たちはみな、生き方にクセや傾向があるから、手つかずの部分っていうのがどうしても出てきてしまうの。仕事はおそろしく頑張ってきたけど恋愛はさっぱりとか、長年家族のことで精

一杯、自分自身何がしたいかなんて考えたこともない……とか。

　でもじつは、その手薄になっている部分こそが、願いを叶えるポイント。というのも、これまで意識を向けてこなかった部分がある種の「弱点」となって、願いが叶うのを邪魔してる可能性があるからよ。

　スポーツにおいて、相手の弱点を攻めるのは常套手段。それこそが勝つための戦略よね。でも、私たちが勝ちたい相手は他の人ではなく、あくまでも自分自身。だからむしろ、**弱点を補強すること**を考えたほうがいいの。自分の弱い部分というのは結局、「運のつまずき」が起こりやすいポイント。願ったことが叶わない原因は結局いつもそこ……となりがちだから、そこを補強しておくにこしたことはないのね。

宇宙に「采配をふるってもらう」には

　とはいえ、「弱点を補強しなくちゃ！」なーんて焦る必要は一切なし。やるべきことはたったひとつ。**月2回、新月・満月のテーマに合わせて「こうありたい」という理想の自分を書くだけ**。12星座というのは、サイン（星座）ひとつひとつのテーマを満たしていくことで完璧なエネルギーになるようにできているから、それに合わせて自分のエネルギーを整えていけばいいだけのこと。

　そうやって、これまで手薄になっていた部分に意識を向けるようにすると新たな扉が開き、そこから新しいエネルギーが流れ込んでくる。しばらくするとポコポコッといろんな変化が起こり出して、それまで叶わなかったこともやがて叶うようになってくるの。

　重要なのは、「宇宙が采配をふるいやすいよう、**自分自身のエネルギーを整えること**」。新月・満月のテーマに沿ってパワーウィッシュを書く目的も、まさにそこなのよ。

2023年、Keiko的戦略

　最後に、2023年の傾向と対策を少々。**2023年の特徴はなんといっても、牡羊座で2回、新月が起こること。**

　1回目は3月22日。これは宇宙元旦の翌日、さらにこのときまだ牡羊座0度台とあって、これはもう、宇宙元旦が2日続くも同然！　一方、2回目となる4月20日はなんと、新月のパワーアップバージョン「金環日食」。さらに、そのすぐ傍にはラッキースター木星もあるというパワフルさ！

　となれば2023年、宇宙が「牡羊座推し」であることは明らか。牡羊座が象徴する「スタート」「チャレンジ」「勝ちに行く」というスタンスがツキを呼ぶことは間違いないわね。

　ここは宇宙の指示にのっとって、まずは3月22日と4月20日、この2回のパワーウィッシュをしっかり書いておかなくては！　2023年は運の流れが速いから、最初からロケットスタートを切る心意気でね。牡羊座と相性のいい、明確で力強いパワーウィッシュを意識して。

パワーウィッシュは戦略そのもの

　宇宙元旦（3月21日）の時点で牡羊座にあったラッキースター木星は、**2ヵ月後の5月17日、牡牛座へ移動。**その後、**2024年5月末まで牡牛座にステイ**するというスケジュール。ここ数年、複数のサインを行ったり来たりしていた木星が2023年、ようやく落ち着いてくる感じかしら。

　牡牛座は別名、「マネーサイン」。直接的ではないとしても、この年スタートさせたことが金脈につながる可能性は十分。こうした「牡羊座木星期→牡牛座木星期」の流れをうまく乗りこなすためにもやはり、**パワーウィッシュは満遍なく書いておいたほうがよさそうね。**

　新月・満月のタイミングであなたが何を望み、どう生きたいと思ってい

るのか──それを宇宙に伝えることこそ、究極の人生戦略になるのだから。

2023年、宇宙との戦略会議をめいっぱい楽しんでみては？

願いをスピーディに叶えるコツは水星逆行

パワーウィッシュと切っても切れない関係にあるのが、水星の逆行。スマホが壊れる、Wi-Fiが通じなくなる……といったことから悪名高き水星逆行も、パワーウィッシャーの私たちにとっては強い味方！というのも、以前書いたパワーウィッシュを水星逆行期間中に見直したり書き直したりすると、その後すんなり叶ってしまうことが多いからなの。少なくとも、停滞していたことに何らかの「動き」が出ることがほとんど。**言葉（書き直し）とビジュアル（ムーンコラージュ）の2本立て**が、何より強力な念押しに。

2023年度 水星逆行スケジュール

水星逆行について、もっと詳しく知りたい方はこちらをチェック！ → →

4/21 ✦ 17:35 ～ 5/15 ✦ 12:17	8/24 ✦ 04:59 ～ 9/16 ✦ 05:21	12/13 ✦ 16:09 ～ 2024/1/2 ✦ 12:07
◀牡牛座15度 ➡ 牡牛座5度▶	◀乙女座21度 ➡ 乙女座8度▶	◀山羊座8度 ➡ 射手座22度▶

2023年最初の逆行は、牡羊座日食の翌日にスタート。これをもって3ヵ月ほど続いた10天体順行期間が終わり、ここから逆行を始める惑星が増えていく流れに。この3週間は心もとない部分を補強しつつ、心の不安要素を取り除くことがテーマ。支払いや返済が滞っているものは、この逆行中に清算を。貯蓄の見直しも◎。お金、収入、豊かさに関するパワーウィッシュは書き直しの好機。

水星以外にも5～6天体が逆行中という、年に1度の逆行シーズン。地のサインで逆行中の天体が多いことから、実生活面の不具合を調整するには最適。いつもバタバタで余裕がない、忙しすぎて全部が中途半端、やりたいことが全然できない……そんなアンハッピーな状態を改善すべく、仕事やルーティーンの見直しを。健康、体調、メンタルに関するパワーウィッシュの書き直しは効果大。

3回目は年とサインをまたいでの逆行。山羊座は陸路、射手座は空路を支配するだけに、年末年始の移動は時間の余裕が肝心。この逆行中はぜひ、懐かしい人たちとの再会を楽しんで。クラス会がきっかけで旧友と仕事をすることになったり、昔の恩師や親戚から縁談が舞い込む……などという可能性も。仕事、昇進・昇格、資格に関するパワーウィッシュは、この時期に書き直しを。

2023年度パワーウィッシュ年間スケジュール
1年の流れを俯瞰し、運の波を乗りこなす！

p.28〜

Power Wish
これから12年間の「運の土台」をつくる

Special Event
宇宙元旦
2023年、開幕！

3/21 ✦ 06:24

自分らしい生き方を自問自答し続ける人、多数出現

2023年の宇宙元旦では月も太陽も「隠れたハウス」にあって、世の人々がいまだ暗中模索の状態であることを示唆。「私の可能性はどこ？」「何を目的に生きるべき？」そんな自問自答を繰り返す人が多そう。でもそれは、自分自身で決めるもの。探すより意図することよ。

※コーチング、リチュアル動画については P.10〜11を参照して下さい。

3/19
3/20 　コーチング公開
3/21 　Pre Memo チェック

リチュアル動画公開
3/22 ✦ 02:24

牡羊座新月（1回目）
自分らしさと収入がリンク

4/3
4/4 　コーチング公開
4/5 　Pre Memo チェック

リチュアル動画公開
4/6 ✦ 13:36

天秤座満月
ともに成長できるパートナー登場

4/17
4/18 　コーチング公開
4/19 　Pre Memo チェック

リチュアル動画公開
4/20 ✦ 13:14

金環日食

牡羊座新月（2回目）
牡羊座木星期、ラストスパートの合図

Special Event
冥王星が水瓶座に移動！

3/24 ✦ 00:24

3月24日、冥王星が水瓶座に移動し、風の時代がさらに深化。とはいえ、5月2日に逆行を開始し、6月11日には山羊座へリターン。地の時代の膿出しが続きそう。

✴ 水星逆行中 ✴
〔4/21 〜 5/15〕

p.40〜
PowerWish
金脈の"種"は
あなた自身の
中にある

5/3	コーチング公開
5/4	Pre Memo
5/5	チェック

リチュアル動画公開
5/6 ✴ 02:35

蠍座満月

眠れる"宝"を発掘

5/17	コーチング公開
5/18	Pre Memo
5/19	チェック

リチュアル動画公開
5/20 ✴ 00:54

牡牛座新月

教えることが収入に

半影月食

Special Event
ラッキースター
木星が
牡牛座へ移動

5/17 ✴ (〜2024/5/26)

12年サイクル2年目は
「経済的土台」を
育てる

ここ数年不安定な動きを
していた木星が、この日以
降、安定した動きへ。牡
牛座はお金や財産といっ
た豊かさを引き寄せると
同時に「安定」をもたら
すサイン。7月中旬まで
牡牛座に木星・ドラゴン
ヘッド・天王星が並ぶこ
とから、金脈を引き寄せ
るチャンスは無限大!

---

p.48〜
PowerWish
知識も情報も
伝えることで
花開く

6/1	コーチング公開
6/2	Pre Memo
6/3	チェック

リチュアル動画公開
6/4 ✴ 12:43

射手座満月

伝えることに
価値が宿る

6/15	コーチング公開
6/16	Pre Memo
6/17	チェック

リチュアル動画公開
6/18 ✴ 13:38

双子座新月

自分の可能性を
引き上げる

Special

＊水星逆行中＊
8/24 ～ 9/16

p.56～ **Power Wish**
人生の2本柱を活性化

6/30　　　コーチング公開
7/1　　　Pre Memo
7/2　　　チェック

リチュアル動画公開
7/3 ＊ 20:40

山羊座満月
手にしたい結果を明確に

7/15　　　コーチング公開
7/16　　　Pre Memo
7/17　　　チェック

リチュアル動画公開
7/18 ＊ 03:33

蟹座新月
月の"引き寄せ力"最高潮！

p.64～ **Power Wish**
風の時代に相応しい生き方にシフト

7/30　　　コーチング公開
7/31　　　Pre Memo
8/1　　　チェック

リチュアル動画公開
8/2 ＊ 03:33

水瓶座満月
いたずらに進むより現状改善

8/13　　　コーチング公開
8/14　　　Pre Memo
8/15　　　チェック

リチュアル動画公開
8/16 ＊ 18:39

獅子座新月
わくわくタイムを習慣化

p.72～ **Power Wish**
「魚座土星」のパワーを受け取る

8/28　　　コーチング公開
8/29　　　Pre Memo
8/30　　　チェック

リチュアル動画公開
8/31 ＊ 10:37

魚座満月
理想のライフスタイルを追求

9/12　　　コーチング公開
9/13　　　Pre Memo
9/14　　　チェック

リチュアル動画公開
9/15 ＊ 10:41

乙女座新月
仕事面での軌道修正

Special Event
ドラゴンヘッドが牡羊座へ移動

7/18 ＊（～2025/1/11）

"ご縁の入り口"が変わる

天体ではないもののそれ以上の影響力をもち、宿命的ともいえる出来事を起こすドラゴンヘッド。天体と違って12星座を逆回りに進み、この7月、牡牛座から牡羊座へ移動。これにより「自分らしさ」と「社交性」を兼ね備えた人に、運もチャンスも舞い込むことに。

Special

✦ 水星逆行中 ✦
12/13 ～ 2024/1/2

Plan-II

✦ 水星逆行中 ✦
12/13 〜 2024/1/2

p.104〜
Power Wish
公私ともに
「楽しく幸せ」が
基本

12/24	コーチング公開
12/25	Pre Memo
12/26	チェック

リチュアル動画公開
12/27 ✦ 09:34

蟹座満月
プライベートを
幸せで満たす

1/8	コーチング公開
1/9	Pre Memo
1/10	チェック

リチュアル動画公開
1/11 ✦ 20:59

山羊座新月
仕事は楽しく
働いてこそ！

p.112〜
Power Wish
もっと大きな
可能性を
考える

1/23	コーチング公開
1/24	Pre Memo
1/25	チェック

リチュアル動画公開
1/26 ✦ 02:55

獅子座満月
自分に相応しい
"輝き方"が見えてくる

2/7	コーチング公開
2/8	Pre Memo
2/9	チェック

リチュアル動画公開
2/10 ✦ 08:00

水瓶座新月
人生に革命を
起こすなら今！

p.120〜
Power Wish
新しい運を
呼び込む
準備月

2/21	コーチング公開
2/22	Pre Memo
2/23	チェック

リチュアル動画公開
2/24 ✦ 21:32

乙女座満月
2024年に向けて
環境を整える

3/7	コーチング公開
3/8	Pre Memo
3/9	チェック

リチュアル動画公開
3/10 ✦ 18:02

魚座新月
2024年の運を
先取り！

2023/3/22 ✦ 02:24

10天体
順行中！

牡羊座
新月の
パワーウィッシュ①

Aries
New Moon

新月当日！

Keikoの動画アドバイス♪

叶えてくれるもの

✦ 新しいことをスタートさせる

✦ 展開をスピーディーにする

✦ 組織を出て独立する、
自立する

✦ 勇気をもってチャレンジする

✦ トップの座を手にする

✦ 好きな道を突き進む

✦ 逆境をはねのけて
勝利を手にする

✦ 自分らしい人生を生きる

✦ 直感で生きることを
当たり前にする

✦ スポーツ、エクササイズに
関すること

✦ 顔、髪、頭に関すること

牡羊座新月に叶いやすいパワーウィッシュ例

「私は5月17日付でウェブデザイン＆コンサルの会社を立ち上げ、
初年度売り上げ2000万円を達成することを意図します」

「私はこの夏、淡路島に引っ越し、彼と二人で
第二の人生をスタートさせることを意図します」

Premium Power/Wish　マイ月星座・牡羊座のあなたに贈る
プレミアムパワーウィッシュ

「私は最高の人生を生きるために必要な勇気と
行動力を、最速で受け取ることを意図します」

✴ ムーンウォーター情報

水を月光浴させるのに最適な時間
18:11 〜 23:43

ボトルの下にしくカード

▼ アンカリングカードの場合

新月
ボトル 　　　　　　　　　　　　　満月
　　　　　　　　　　　　　　　　 ボトル

27.INTUITION　　　　　　**1.WORDS**

▼ アクティベイティングカードの場合

新月
ボトル 　　　　　　　　　　　　　満月
　　　　　　　　　　　　　　　　 ボトル

34.Think Rich　　　　　**5.Be Efficient**

✴ 願いを叶える
Power Wish Yoga
詳しいポーズはこちら → →

∞∞∞ Keiko's **Advice** ∞∞∞
天空図から読み解く、この日の
パワーウィッシュヒント

✴ 自分らしさと収入がリンク

2023年は牡羊座新月が2回。宇宙元旦から24時間も経たないうちに起こる1回目は、牡羊座0度の新月！ まるで宇宙元旦のエネルギーを念押しするかのようなこの新月は「お金」「経済基盤」のハウスに入り、金脈を引き寄せるパワー十分！ あなたが最も得意なこと、自分らしいと思える分野で可能性の種まきを。直感が冴えわたるときなので、この時期ピンときたことは後々収入につながる可能性大。10天体順行の勢いと相まって、普通なら3年かかるところをたった半年で達成……などということも。

✴ 願いを叶えるワンプッシュ

この新月で書くことはいわば「新年の抱負」。2023年中に成し遂げたいことを言葉にして。パッションの有無を要確認。

スタートダッシュ

勇気

独立する

行動力

切り開く

情熱

自立する

チャレンジする

スピーディー

自分オリジナル

バイタリティ

一歩踏み出す

勢いよく

2023
3/22
02:24
牡羊座✦新月①

MOON COLLAGE

牡羊座
新月のムーンコラージュ

右ページに書いたパワーウィッシュを
象徴する写真を貼りましょう

勝負に出る

アクション

POWER WISH
牡羊座新月のパワーウィッシュ①

私がここで願うことは宇宙意志と完全に調和し、世の中に愛と繁栄を
もたらす最良の方法であると確信しています。
私が今から願うことを通して、この世に生きとし生けるすべてのものに、
私の愛と力が速やかに届くことを意図します。

アンカリングワード：私は〜を意図します／〜よう意図します

2023/4/6 ✴ 13:36

10天体
順行中！

天秤座
満月の
パワーウィッシュ

Libra
Full Moon

満月当日！
Keikoの動画アドバイス♪

叶えてくれるもの

✴ 新しい関係がスタートする

✴ 好きな人との関係が進展する

✴ 婚約、結婚、入籍をする

✴ あらゆる人間関係がよくなる

✴ 好条件で契約がまとまる

✴ 訴訟・裁判に勝つ

✴ 好感度が高まり、
   人気者になる

✴ パートナー候補が現れる

リリースできるもの

✦ 優柔不断、八方美人

✦ NOが言えない

✦ 自分で決められない

✦ 人に依存してしまう

✦ 腰とウエストにかかわる
   悩みやトラブル

天秤座満月に叶いやすいパワーウィッシュ例

「一緒にいるだけで安心できて、言いたいことを
遠慮なく言い合える理想の人と結婚しました。
彼と出会えたことに感謝します。ありがとうございます」

Premium
Power Wish

マイ月星座・天秤座のあなたに贈る
プレミアムパワーウィッシュ

「先の見えない不毛な関係を手放しました。
よくやった、私！　ありがとうございます」

PWを書く前に引いた
アンカリング or アクティベイティングカード

〔　　　番〕

 ムーンウォーター情報

水を月光浴させるのに最適な時間
日が沈んでいる時間であればOK

ボトルの下にしくカード

アンカリングカードの場合

満月
ボトル

3.TIMING

新月
ボトル

28.ADVENTURE

アクティベイティングカードの場合

満月
ボトル

23.Expand Action

新月
ボトル

25.Increase Range

願いを叶える
Power Wish Yoga
詳しいポーズはこちら → → →

∞∞∞ Keiko's Advice ∞∞∞
天空図から読み解く、この日の
パワーウィッシュヒント

✳ ともに成長できるパートナー登場

天秤座の満月は「幸せな人間関係」「理想のパートナーシップ」の象徴。好きな人と結ばれたいと願うなら、天秤座満月のパワーを借りるのが王道! この満月は気持ちのやりとり以上に「コミュニケーション」重視。いくら話しても話題が尽きないような、楽しい関係をイメージして書くと実現化が早まりそう。嬉しいことにこの満月では、ラッキースター木星のバックアップが強力! 愛する人と一緒に成長していく姿を言葉にして。

✳ 願いを叶えるワンプッシュ

パートナーと一緒にどこに行きたいか、休日はどう過ごしたいか……具体的に書くのがコツ。現実は後からついてくる。

美しくなる

出会い

洗練された

好感度の高い

愛される

第一印象

愛と調和

立ち居ふるまい

公正・公平

合意する

バランス

WIN-WIN

結婚・婚約

恋人・パートナー

2023
4/6
13:36
天秤座✦満月

MOON COLLAGE

天秤座
満月のムーンコラージュ

右ページに書いたパワーウィッシュを
象徴する写真を貼りましょう

POWER WISH
天秤座満月のパワーウィッシュ

宇宙の愛と導きにより私の願いが最速で叶えられましたことに感謝し、
この幸せをあらゆる方法で世の中に還元していくことを誓います。
宇宙の愛と光が、つねに私とともにあることに感謝いたします。

アンカリングワード：ハッピーな感情or状況＋ありがとうございます

2023/4/20 ✦ 13:14

牡羊座
新月の
パワーウィッシュ②
(金環皆既日食)

10天体
順行中！

Aries
New Moon

新月当日！
Keikoの動画アドバイス♪

叶えてくれるもの

✦ 新しいことをスタートさせる

✦ 展開をスピーディにする

✦ 組織を出て独立する、
　自立する

✦ 勇気をもってチャレンジする

✦ トップの座を手にする

✦ 好きな道を突き進む

✦ 逆境をはねのけて
　勝利を手にする

✦ 自分らしい人生を生きる

✦ 直感で生きることを
　当たり前にする

✦ スポーツ、エクササイズに
　関すること

✦ 顔、髪、頭に関すること

牡羊座新月に叶いやすいパワーウィッシュ例

「私は"ピンときたらアクション"を徹底し、
スピーディーに行動に移すことを意図します」

「私は一念発起して年内に起業し、
次のステージへ進むことを意図します」

Premium
Power/Wish
マイ月星座・牡羊座のあなたに贈る
プレミアムパワーウィッシュ

「私は最高の人生を生きるために必要な勇気と
行動力を、最速で受け取ることを意図します」

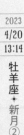

PWを書く前に引いた
アンカリング or アクティベイティングカード

□番

 ムーンウォーター情報

水を月光浴させるのに最適な時間
18:46 ～ 23:58

ボトルの下にしくカード

アンカリングカードの場合

新月ボトル　満月ボトル

33.TRAVEL　**5.SYNCHRONICITY**

アクティベイティングカードの場合

新月ボトル　満月ボトル

23.Expand Action　**21.Entrust to Cosmos**

願いを叶える
Power Wish **Yoga**
詳しいポーズはこちら → →

∞∞ Keiko's **Advice** ∞∞
天空図から読み解く、この日の
パワーウィッシュヒント

✴ 牡羊座木星期、ラストスパートの合図
昨年12月末からスタートした牡羊座木星期も、4月後半になるとそろそろ最終章。今後12年におよぶ"超"重要な時期だけに、残り1ヵ月で多くの種まきをしておきたい。この新月はご縁を引き寄せるドラゴンヘッドが絡む金環皆既日食、その傍らには木星がいて、しかも10天体がすべて順行中……これ以上ない環境の中、人間の頭で「可能かどうか」を考えるなんて野暮というもの。思い浮かんだことはすべて実現させるくらいの心意気で！

✴ 願いを叶えるワンプッシュ
これまでの願いからいったん離れ、まっさらな状態で自分の本音と向き合ってみては。

スタートダッシュ

勇気

独立する

行動力

切り開く　　情熱　　自立する

チャレンジする

スピーディー

自分オリジナル

バイタリティ　一歩踏み出す　勢いよく

2023
4/20
13:14

牡羊座★新月②

MOON COLLAGE

牡羊座
新月のムーンコラージュ

右ページに書いたパワーウィッシュを
象徴する写真を貼りましょう

勝負に出る

アクション

牡羊座新月のパワーウィッシュ②

私がここで願うことは宇宙意志と完全に調和し、世の中に愛と繁栄を
もたらす最良の方法であると確信しています。
私が今から願うことを通して、この世に生きとし生けるすべてのものに、
私の愛と力が速やかに届くことを意図します。

アンカリングワード：私は〜を意図します／〜よう意図します

2023/5/6 ✦ 02:35

水星逆行中

蠍座
満月の
パワーウィッシュ
(半影月食)

Scorpio
Full Moon

満月当日！
Keikoの動画アドバイス♪

叶えてくれるもの

✳ テーマを深く掘り下げる

✳ ずばぬけた集中力を発揮する

✳ 愛する人との絆を深める

✳ ソウルメイトを引き寄せる

✳ 再生・復活させる

✳ 美しく変貌を遂げる

✳ 不動産を購入する

✳ 不労所得を手にする

リリースできるもの

◆ 疑心暗鬼、悲観、閉鎖性

◆ ネガティブな思い込み、
　潜在意識

◆ 恨み、復讐心

◆ ジェラシー、未練、卑屈さ

◆ コントロールしがたい感情

◆ 子宮・卵巣、生理にかかわる
　悩みやトラブル

蠍座満月に叶いやすいパワーウィッシュ例

「信頼できる投資アドバイザーに出会ったおかげで
念願の不労所得が現実になりました！　ありがとうございます」

Premium
Power Wish

マイ月星座・蠍座のあなたに贈る
プレミアムパワーウィッシュ

「セックスに対する苦手意識を完全に手放しました。
次の恋が待ち遠しい！　ありがとうございます」

ムーンウォーター情報

水を月光浴させるのに最適な時間
日が沈んでいる時間であればOK

ボトルの下にしくカード

アンカリングカードの場合

満月
ボトル

新月
ボトル

22.EMOTIONS　　**27.INTUITION**

アクティベイティングカードの場合

満月
ボトル

新月
ボトル

29.Move Your Heart　　**4.Awaken Instincts**

願いを叶える
Power Wish **Yoga**
詳しいポーズはこちら → → →

∞∞∞ Keiko's **Advice** ∞∞∞
天空図から読み解く、この日の
パワーウィッシュヒント

✴ 眠れる"宝"を発掘
ふだん表に出てこない一面をあぶりだす
のが月食の作用。しかも今回は「隠れた
財宝」を象徴する蠍座での月食。この時
期ふとしたきっかけで、これまで気づい
ていなかった才能や能力を自覚する場面
がありそう。しかもそれは、新たな収入
源になる可能性大!　ここで必要なのは、
今の仕事や立ち位置から離れて考えると
いうスタンス。意外性のあるもの、未経
験のものほど発展性は大きそう。「もう一
人の自分」を発掘できるチャンス。

✴ 願いを叶えるワンプッシュ
「こんな才能があったらいいな」と思うこ
とをパワーウィッシュ化するのも効果
大!

心機一転　　集中力　　　　　　唯一無二

再生・復活

不動産　　遺産　　　　　　結ばれる

ソウルメイト　　　　　　　　リベンジ

継承する

不労所得　　　　　底力　　　先祖・家系

MOON COLLAGE

蠍座
満月のムーンコラージュ

蠍座★満月

右ページに書いたパワーウィッシュを
象徴する写真を貼りましょう

ロイヤリティ

POWER WISH
蠍座満月のパワーウィッシュ

宇宙の愛と導きにより私の願いが最速で叶えられましたことに感謝し、
この幸せをあらゆる方法で世の中に還元していくことを誓います。
宇宙の愛と光が、つねに私とともにあることに感謝いたします。

アンカリングワード：ハッピーな感情or状況+ありがとうございます

2023/5/20 ✦ 00:54

牡牛座
新月の
パワーウィッシュ

Taurus
New Moon

新月当日！
Keikoの動画アドバイス♪

叶えてくれるもの

✳ 豊かで快適な毎日を送る

✳ スタートしたものを安定路線
　にもっていく

✳ 不確実なものを確実にする

✳ 衣食住のクオリティを高める

✳ 収入、財産を増やす

✳ 経済的、物質的に満たされる

✳ 才能、センス、感性をお金に
　換える

✳ 辛抱強くひとつのことに
　取り組む

✳ 安定した堅実な男女関係を育む

✳ 人生のあらゆる豊かさを味わう

✳ 首、喉、声、甲状腺に
　関すること

牡牛座新月に叶いやすいパワーウィッシュ例

「私は塾講師歴10年の経験を活かして家庭教師のアルバイトを始め、
本業を遥かに超える報酬を得ることを意図します」

「私は東京と軽井沢に拠点を置き、刺激的な都会生活と
ゆったりした田舎暮らし、両方味わい尽くすことを意図します」

Premium Power Wish
マイ月星座・牡牛座のあなたに贈る
プレミアムパワーウィッシュ

「私はもって生まれた能力をキャッシュフローに換え、
一生涯豊かに生きることを意図します」

PWを書く前に引いた
アンカリング or アクティベイティングカード

ムーンウォーター情報

水を月光浴させるのに最適な時間

18:51 〜 24:22

ボトルの下にしくカード

アンカリングカードの場合

新月
ボトル

満月
ボトル

25.STRENGTHS　　**8**.PLAYFUL MIND

アクティベイティングカードの場合

新月
ボトル

満月
ボトル

32.Restore Senses　　**3**.Attract Good Data

願いを叶える
Power Wish **Yoga**
詳しいポーズはこちら → →

∞∞∞ Keiko's **Advice** ∞∞∞
天空図から読み解く、この日の
パワーウィッシュヒント

✳ 教えることが収入に

牡牛座木星期開幕3日後という、記念すべき新月。ここで注目すべきは、牡牛座0度にあるラッキースター木星。すぐ傍らにあるドラゴンヘッドとの相乗効果で「富と豊かさ」を引き寄せるパワーが炸裂！　2週間前の蠍座月食で顔を出したあなたの意外な一面を、さっそく収入へ結びつけるチャンスもありそう。ここでは、あなたができることを「人に話す」よう意識して。SNS上でももちろんOK。得意なことに更なる磨きをかけるべく、勉強を始めるのもオススメ。

✳ 願いを叶えるワンプッシュ

あなたが人に教えられることは何？　真剣に考えすぎず、これまでの仕事や趣味、人生経験などを振り返ってみて。

ふんだんに

定期的に

堪能する

富・豊かさ

持続する

不自由なく

上質の

満ち足りた

安定する

有り余るほどの

潤沢な

余裕ある

五感

2023
5/20
00:54

牡牛座＊新月

MOON COLLAGE

牡牛座
新月のムーンコラージュ

右ページに書いたパワーウィッシュを
象徴する写真を貼りましょう

揺るぎない

手堅く

POWER WISH

牡牛座新月のパワーウィッシュ

私がここで願うことは宇宙意志と完全に調和し、世の中に愛と繁栄を
もたらす最良の方法であると確信しています。
私が今から願うことを通して、この世に生きとし生けるすべてのものに、
私の愛と力が速やかに届くことを意図します。

2023/6/4 ✦ 12:43

射手座
満月の
パワーウィッシュ

Sagittarius
Full Moon

満月当日！
Keikoの動画アドバイス♪

叶えてくれるもの

✴ 今あるものを拡大・発展させる

✴ チャンスと可能性を引き寄せる

✴ 楽観的に明るく生きる、
　行動する

✴ どんなことも平均以上に
　成功する

✴ 強運が当たり前になる

✴ 海外とのつながりができる

✴ 出版業界や法曹界で活躍する

リリースできるもの

◆ 無責任、ルーズ

◆ いいかげん、見かけ倒し

◆ 安請けあい

◆ 中途半端、ツメが甘い

◆ 浪費グセ、無駄遣い

◆ 腰、ヒップ、太腿にかかわる
　悩みやトラブル

射手座満月に叶いやすいパワーウィッシュ例

「初のセミナー開催を告知したところ、たった1日で満員御礼！
〝今から楽しみにしています〟というお声を多数いただき、
私もやる気満々です！　ありがとうございます！」

Premium
Power Wish
マイ月星座・射手座のあなたに贈る
プレミアムパワーウィッシュ

「〝控えめが美徳〟という考え方を手放しました！
古い甲冑を脱ぎ捨てた気分です。ありがとうございます」

✳ ムーンウォーター情報

水を月光浴させるのに最適な時間
日が沈んでいる時間であればOK

ボトルの下にしくカード

アンカリングカードの場合

満月ボトル　　　　　新月ボトル

20.FLEXIBILITY　　　**30.**COURAGE

アクティベイティングカードの場合

満月ボトル　　　　　新月ボトル

13. Charge Yang Power　　**20.**Enjoy Challenge

✳ 願いを叶える
Power Wish **Yoga**
詳しいポーズはこちら ⇢ ⇢ ➡

∞∞ Keiko's **Advice** ∞∞

天空図から読み解く、この日の
パワーウィッシュヒント

✶ **伝えることに価値が宿る**

ズバリ、「情報拡散」に最適な満月！
これはもともと拡散力のある満月が、拡
大とスケールアップを促す射手座で起こ
るため。加えてこの満月が第3ハウスで
起こることから、多くの人に知らしめた
い情報はSNSを上手に利用するのが鉄
則。あなた自身のPRはもちろん、商品の
宣伝、セミナーのお知らせなど、集客が
必要なことはこの満月前後、集中的に実
行を。学びの場にも積極的に参加したい。
向上心のある面白い人たちと出会えそう。

✶ **願いを叶えるワンプッシュ**

インフルエンサーやYouTuberとして成
功し、メジャーになるような願いも◎。
ただし、得意テーマを絞ること。

成功する

強運

活躍する

海外・外国

新しい世界　　　のびのびと

飛び込む

世界を股にかけて

自由気まま

旅行　　　棚ボタ　　　向上心　　　楽観的

インターナショナル

2023
6/4
12:43
射手座♦満月

MOON COLLAGE

射手座
満月のムーンコラージュ

右ページに書いたパワーウィッシュを
象徴する写真を貼りましょう

射手座満月のパワーウィッシュ

宇宙の愛と導きにより私の願いが最速で叶えられましたことに感謝し、
この幸せをあらゆる方法で世の中に還元していくことを誓います。
宇宙の愛と光が、つねに私とともにあることに感謝いたします。

アンカリングワード：ハッピーな感情or状況＋ありがとうございます

2023/6/18 ✦ 13:38

双子座
新月の
パワーウィッシュ

Gemini
New Moon

新月当日!
Keikoの動画アドバイス♪

叶えてくれるもの

✴ 物ごとを正しく的確に伝える

✴ 必要な情報をタイミングよく
　手に入れる

✴ 多方面でマルチに活躍する

✴ 相手に合わせ心地よい
　会話をする

✴ 副収入を得る

✴ 興味があることを勉強して
　可能性を広げる

✴ 新しい環境に順応する

✴ フットワークよく
　軽やかに生きる

✴ 世渡り上手になる

✴ 手、腕、肺、呼吸器に
　関すること

双子座新月に叶いやすいパワーウィッシュ例

「私は以前から興味のあった宅建資格の勉強を始め、
1年以内に合格、仕事の幅を広げることを意図します」

「私は肩甲骨回しを習慣化して二の腕をスッキリさせ、
この夏、ノースリーブを着こなすことを意図します」

Premium
Power Wish

マイ月星座・双子座のあなたに贈る
プレミアムパワーウィッシュ

「私は、タイミングに味方される
強運体質になることを意図します」

PWを書く前に引いた
アンカリング or アクティベイティングカード　　　　番

 ムーンウォーター情報

水を月光浴させるのに最適な時間
19:59 ～ 24:46

ボトルの下にしくカード

アンカリングカードの場合

新月ボトル　　　　　　　　　　　　満月ボトル

28.ADVENTURE　　　**18.**GENEROSITY

アクティベイティングカードの場合

新月ボトル　　　　　　　　　　　　満月ボトル

1.Add Light　　　**11.**Change Routine

 願いを叶える
Power Wish Yoga
詳しいポーズはこちら → → →　　

∾∾∾ Keiko's **Advice** ∾∾∾

天空図から読み解く、この日の
パワーウィッシュヒント

✦ 自分の可能性を引き上げる

向上心を刺激するこの新月は、「もっと高いレベルを目指してみたら？」という宇宙からの問いかけそのもの。同じことを繰り返すだけの毎日は、安定はしていても成長なし。経験のないことに挑戦してみる、これまで断ってきた仕事をあえて引き受けてみる、ずっと興味のあったことを学んでみる……etc. どんな形であれ、自分を成長させるための第一歩を踏み出して。その道のプロについて本格的に学び始めるにはベストタイミング。

✦ 願いを叶えるワンプッシュ

この新月の11時間前、土星が逆行を開始。安定をあえて崩すようなパワーウィッシュを書いてみて。

インプット

同時進行

リズミカルに

アイディア豊富

臨機応変

サクッと

軽やかに

バラエティ豊か

両方とも

コミュニケーション

SNS

アウトプット

言葉・情報

2023
6/18
13:38

双子座✦新月

MOON COLLAGE

双子座
新月のムーンコラージュ

右ページに書いたパワーウィッシュを
象徴する写真を貼りましょう

ベストタイミング

浅く広く

双子座新月のパワーウィッシュ

私がここで願うことは宇宙意志と完全に調和し、世の中に愛と繁栄を
もたらす最良の方法であると確信しています。
私が今から願うことを通して、この世に生きとし生けるすべてのものに、
私の愛と力が速やかに届くことを意図します。

アンカリングワード：私は〜を意図します／〜よう意図します

2023/7/3 ☀ 20:40

山羊座
満月の
パワーウィッシュ

Capricorn
Full Moon

満月当日！
Keikoの動画アドバイス♪

叶えてくれるもの

✳ 大きな目標を達成する

✳ 途中で挫折することなく
　地道に努力する

✳ 社会的評価が高まる

✳ 昇格・昇進・昇給する

✳ 不要なものを断ち切る

✳ 父親・上司との関係がよくなる

✳ 結婚前提の交際が始まる

リリースできるもの

🔹 仕事一辺倒、働きすぎ

🔹 融通が利かない

🔹 常識や世間体へのこだわり

🔹 堅苦しい、おもしろみがない

🔹 計算高さ、権威主義

🔹 冷淡、情がない、無感情

🔹 歯、骨、関節、皮膚に
　かかわる悩みやトラブル

山羊座満月に叶いやすいパワーウィッシュ例

「T君から待ちに待った言葉をようやく聞くことができました！
この秋の挙式に向けて準備を進めている今、最高に幸せです！
ありがとうございます」

Premium
Power Wish
マイ月星座・山羊座のあなたに贈る
プレミアムパワーウィッシュ

「"苦労なくして成功なし"という時代遅れの概念を手放しました。
私は楽しんで成功します！　ありがとうございます」

 ムーンウォーター情報

水を月光浴させるのに最適な時間
日が沈んでいる時間であればOK

ボトルの下にしくカード

アンカリングカードの場合

満月
ボトル

新月
ボトル

36.GRATITUDE　　　**4.ENVIRONMENT**

アクティベイティングカードの場合

満月
ボトル

新月
ボトル

9.Be Stabilized　　**14.Circulate Energy**

願いを叶える
Power Wish Yoga
詳しいポーズはこちら → → →

∞∞ Keiko's Advice ∞∞
天空図から読み解く、この日の
パワーウィッシュヒント

✴ 手にしたい結果を明確に
「結果を出したい」「目標を達成したい」と思うなら、山羊座満月のパワーを借りるのがいちばん！　この満月は土星・木星という2大惑星からの援護がとりわけ強力で、地道に努力してきた者が報われるという嬉しい配置。昇進・昇格、試験合格を願うのもぜひこの満月に。プライベートでは急な進展こそ見込めないものの、つきあいの長い2人なら結婚・入籍の可能性も。白黒つけたい関係は、あなたが望む状態を明確な言葉にして。

✴ 願いを叶えるワンプッシュ
これまで心の奥に隠れていた自分の野心に気づくかも。それこそが願いを叶える原動力に。

抜擢される

名声

上りつめる

計画通りに

ステイタス　　一歩一歩　　国家資格

合格する

粘り強く

着実に　　達成する　　結果を出す　　昇進・昇格

プロフェッショナル

2023
7/3
20:40
山羊座＋満月

MOON COLLAGE

山羊座
満月のムーンコラージュ

右ページに書いたパワーウィッシュを
象徴する写真を貼りましょう

POWER WISH

山羊座満月のパワーウィッシュ

宇宙の愛と導きにより私の願いが最速で叶えられましたことに感謝し、
この幸せをあらゆる方法で世の中に還元していくことを誓います。
宇宙の愛と光が、つねに私とともにあることに感謝いたします。

アンカリングワード：ハッピーな感情or状況+ありがとうございます

2023/7/18 ✴ 03:33

蟹座
新月の
パワーウィッシュ

Cancer
New Moon

新月当日！
Keikoの動画アドバイス♪

叶えてくれるもの

✴ ファミリーライフを充実させる

✴ 家族、一族の結束を固める

✴ 親子関係をよくする

✴ 子どもを授かる、出産する

✴ プライベートを充実させる

✴ 感情をコントロールする

✴ 心から安らげる環境を作る

✴ 家族同然の仲間を作る

✴ 理想のマイホームを購入する

✴ 胸部、バストに関すること

蟹座新月に叶いやすいパワーウィッシュ例

「私は月に1度は夫の両親と食事をし、
心地良い距離感とベストな関係をキープすることを意図します」

「私は今秋から自宅で料理教室を開き、
1年以内に100人の生徒を持つことを意図します」

Premium
Power Wish
マイ月星座・蟹座のあなたに贈る
プレミアムパワーウィッシュ

「私は海のように深く大きな母性を受け取り、
家族や仲間を慈しみ育てることを意図します 」

PWを書く前に引いた
アンカリング or アクティベイティングカード

　　　　　番

※ ムーンウォーター情報

水を月光浴させるのに最適な時間

19:13 ～ 24:38

ボトルの下にしくカード

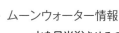
アンカリングカードの場合

新月ボトル　29.TRUST　　17.ASSOCIATION　満月ボトル

アクティベイティングカードの場合

新月ボトル　2.Adjust Balance　　15.Clarify Yourself　満月ボトル

※ 願いを叶える
Power Wish Yoga
詳しいポーズはこちら → → →

∞∞ **Keiko's Advice** ∞∞
天空図から読み解く、この日の
パワーウィッシュヒント

✴ 月の"引き寄せ力"最高潮!
月のホームグラウンド・蟹座で起こる新月は一年の中で、最も新月らしい新月。とりわけ高まるのが月特有の引力——つまり「引き寄せ力」。そのパワーが今回とくに発揮されるのが人間関係。あなたに相応しいパートナー、新しいタイプの友人、可能性の扉を開けてくれる仲間たち……そんな嬉しい出会いを引き寄せてくれそう。蟹座新月は「自分の家族をもちたい」という願いもお手のもの。家族の幸せ、妊娠・出産などの願いも◎。

✴ 願いを叶えるワンプッシュ
蟹座は感情と密接にリンク。書いていて「あ～シアワセ♡」と笑みがこぼれるようなら大成功!

世話をする

育てる

母性

安心できる

子育て　　親子関係

家事

家族だんらん

料理

妊娠・出産

もてなす　　親しむ　　拠りどころ

プライベート

マイホーム

2023
7/18
03:33

蟹座＋新月

MOON COLLAGE

蟹座
新月のムーンコラージュ

右ページに書いたパワーウィッシュを
象徴する写真を貼りましょう

POWER WISH

蟹座新月のパワーウィッシュ

私がここで願うことは宇宙意志と完全に調和し、世の中に愛と繁栄を
もたらす最良の方法であると確信しています。
私が今から願うことを通して、この世に生きとし生けるすべてのものに、
私の愛と力が速やかに届くことを意図します。

アンカリングワード：私は〜を意図します／〜よう意図します

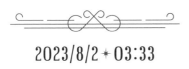

2023/8/2 ✦ 03:33

水瓶座
満月の
パワーウィッシュ

Aquarius
Full Moon

満月当日！
Keikoの動画アドバイス♪

叶えてくれるもの

✳ 常識にとらわれない生き方を
する

✳ フリーランスとして活躍する

✳ 人生を思いっきり変える

✳ 仲間が増え、人脈が広がる

✳ インターネットビジネスを
成功させる

✳ インフルエンサーになる

リリースできるもの

◆ 誰にも理解されない寂しさ

◆ 甘え下手、理屈っぽさ

◆ ひとりよがり、孤独感

◆ 悪目立ち、よくない評判

◆ 社会や権力者への反発、
反抗心

◆ ふくらはぎ・くるぶしに
かかわる悩みやトラブル

水瓶座満月に叶いやすいパワーウィッシュ例

「私が夢に描いたエコビジネスが、着実に動き出しました！
協賛企業がこんなにも多く集まってくださるなんて、
まさに奇跡です！　ありがとうございます」

Premium
Power Wish

マイ月星座・水瓶座のあなたに贈る
プレミアムパワーウィッシュ

「常識という名の足枷がスルリと外れました。
羽が生えたように自由な気分です。ありがとうございます」

PWを書く前に引いた
アンカリング or アクティベイティングカード

[____ 番]

✳ ムーンウォーター情報

水を月光浴させるのに最適な時間

日が沈んでいる時間であればOK

ボトルの下にしくカード

アンカリングカードの場合

満月ボトル — 19.HARMONY

新月ボトル — 5.SYNCHRONICITY

アクティベイティングカードの場合

満月ボトル — 18.Do Not Judge

新月ボトル — 26.Keep Up

✳ 願いを叶える
Power Wish Yoga
詳しいポーズはこちら → → →

∞∞ Keiko's Advice ∞∞
天空図から読み解く、この日の
パワーウィッシュヒント

✦ いたずらに進むより現状改善

逆行中の天体が多くなり、宇宙から「待った」がかかっている時期。大事な部分をないがしろにしていないか、進展を急ぎすぎていないか、自分やまわりに負担がかかっていないか……etc. 思い通りにいかないなら、どこかにひずみが生じている証拠。歩みを止めて見直し&改善を。そんなとき、現状打破を得意とするこの満月が何よりのサポートに。宇宙からのアドバイスは「一人で頑張るより多馬力で」。友人知人と組むのはもちろん、プロの手を借りるのもよさそう。

✦ 願いを叶えるワンプッシュ

現状をどう変えたい？　どこにブレイクスルーを起こしたい？　自問自答しつつ書いてみて。

自由な発想

フリーランス

現状打破

出る杭になる

IT・ネットワーク

革新的な

シンクロ

人脈・横のつながり

合理化する

仲間・友情

刷新する

型破り

時代にマッチ

ドラスティックに

2023
8/2
03:33

水瓶座★満月

MOON COLLAGE

水瓶座
満月のムーンコラージュ

右ページに書いたパワーウィッシュを
象徴する写真を貼りましょう

水瓶座満月のパワーウィッシュ

宇宙の愛と導きにより私の願いが最速で叶えられましたことに感謝し、
この幸せをあらゆる方法で世の中に還元していくことを誓います。
宇宙の愛と光が、つねに私とともにあることに感謝いたします。

アンカリングワード：ハッピーな感情or状況＋ありがとうございます

2023/8/16 ✳ 18:39

獅子座
新月の
パワーウィッシュ

Leo
New Moon

新月当日!
Keikoの動画アドバイス♪

叶えてくれるもの

✳ 思うままに
　人生をクリエイトする

✳ 自信をもって大胆に生きる

✳ コンプレックスを個性に変える

✳ 自分を上手にアピールする

✳ 注目を浴び、賞賛される
　人になる

✳ ゴージャスライフを手に入れる

✳ 単調な日々を
　エキサイティングに変える

✳ 趣味や好きなことを
　仕事にする

✳ チームや会社をまとめあげる

✳ 芸能、舞台、ショービズ界で
　成功する

✳ 心臓、背中、姿勢、血流に
　関すること

獅子座新月に叶いやすいパワーウィッシュ例

「私は仕事を〝自己表現のひとつ〟ととらえ、テンションが
上がるものだけにフォーカスすることを意図します」

「私は遊びがすべて仕事につながるような、
楽しい生き方にシフトすることを意図します」

Premium Power Wish
マイ月星座・獅子座のあなたに贈る
プレミアムパワーウィッシュ

「私は人生という舞台のヒロインとして、
気高く堂々と生きることを意図します」

✳ ムーンウォーター情報

水を月光浴させるのに最適な時間
19:04 〜 23:50

ボトルの下にしくカード

アンカリングカードの場合

新月
ボトル ── **16.POWER CHARGE**

満月
ボトル ── **12.HABITS**

アクティベイティングカードの場合

新月
ボトル ── **10.Build Momentum**

満月
ボトル ── **7.Be Prepared**

✳ 願いを叶える
Power Wish Yoga
詳しいポーズはこちら → → →

∞∞∞ **Keiko's Advice** ∞∞∞
天空図から読み解く、この日の
パワーウィッシュヒント

✳ わくわくタイムを習慣化

獅子座が統轄しているのは人生における楽しいこと、ハッピーなことすべて。私たちはふだん意識しないでいると「やらなければならないこと」をこなすだけの毎日に陥りがち。そんなとき「もっと楽しい生き方があるんじゃない？」という問題提起をしてくるのがこの新月。休暇をとって羽を伸ばすのもいいけれど、この新月が推奨しているのは、習慣の中に楽しみを取り入れること。「これをやっているとゴキゲン♪」というものを見つけて。

✳ 願いを叶えるワンプッシュ

時間を忘れて楽しめることは何？　楽しみを増やすことは、生きる活力を取り戻すこと。

光り輝く

VIP

主役になる

エンジョイする

ゴージャス　　自信をもって

プライド

楽しみながら

オーラ

ドラマティック

表現する　　　堂々と　　　注目の的

2023
8/16
18:39

獅子座★新月

MOON COLLAGE

獅子座
新月のムーンコラージュ

右ページに書いたパワーウィッシュを
象徴する写真を貼りましょう

アイデンティティ

人前に立つ

POWER WISH

獅子座新月のパワーウィッシュ

私がここで願うことは宇宙意志と完全に調和し、世の中に愛と繁栄を
もたらす最良の方法であると確信しています。
私が今から願うことを通して、この世に生きとし生けるすべてのものに、
私の愛と力が速やかに届くことを意図します。

アンカリングワード：私は〜を意図します／〜よう意図します

2023/8/31 ✦ 10:37

水星逆行中

魚座
満月の
パワーウィッシュ

Pisces
Full Moon

満月当日!
Keikoの動画アドバイス♪

叶えてくれるもの

✴ 愛し、愛される人になる

✴ 過去の傷やトラウマが癒える

✴ 許せない人を許せるようになる

✴ 腐れ縁を断ち切る

✴ 滞ったエネルギーを循環させる

✴ イメージしたことを現実にする

✴ ヒーリング能力が身につく

✴ 音楽や芸術の才能を開花させる

リリースできるもの

◆ ルーズ、自堕落な生活

◆ ひきこもり、やる気のなさ

◆ 中毒、依存症

◆ 臆病、被害妄想

◆ 独り立ちできない

◆ 腐れ縁

◆ 足にかかわるトラブル、
　リンパの滞り

魚座満月に叶いやすいパワーウィッシュ例

「私は今、失恋の痛手から立ち直ったことを実感しています。
多くのことを教えてくれたY君との関係に心から感謝。
ありがとうございます」

Premium
Power Wish

マイ月星座・魚座のあなたに贈る
プレミアムパワーウィッシュ

「崇高なる宇宙の愛を全身全霊で受け取りました。今日から
新しいステージに向かいます。ありがとうございます」

ムーンウォーター情報

水を月光浴させるのに最適な時間
日が沈んでいる時間であればOK

ボトルの下にしくカード
アンカリングカードの場合

満月ボトル　　　　　　　　　　　　　新月ボトル

15.REST　　　　　　**31.RELEASE**

アクティベイティングカードの場合

満月ボトル　　　　　　　　　　　　　新月ボトル

31.Relax and Recover　　**16.Create Power Home**

願いを叶える
Power Wish Yoga
詳しいポーズはこちら → → →

∞∞∞ Keiko's Advice ∞∞∞
天空図から読み解く、この日の
パワーウィッシュヒント

✴ 理想のライフスタイルを追求

地球に近い位置で起こる「スーパームーン」。近地点での満月はいつもより大きく見えるだけでなく、実際、私たちの感情に大きな揺さぶりをかけてきそう。これまで当たり前と受け止めていたことに急に疑問を感じるようになったり、楽しくできていたことがそうではなくなったり……。それもこれも約5ヵ月前、社会のシステムや時代を創る土星が、水瓶座から魚座に移動したため。この満月を機に、生活基盤やライフスタイルを変えるのも◎。古いものを手放すベストタイミング。

✴ 願いを叶えるワンプッシュ

職住近接、在宅ワーク、海の見えるオフィス、ペット連れ可の会社……etc.理想の働き方を言葉にしてみて。

世界平和

水に流す

受け入れる

無条件の愛

溶けあう　　　循環させる　　　　　　　休息

天使・精霊

浄化する

癒やし・ヒーリング

手放す　　　一体化　　　一掃する

2023
8/31
10:37

MOON COLLAGE

魚座
満月のムーンコラージュ

魚座★満月

右ページに書いたパワーウィッシュを
象徴する写真を貼りましょう

赦し

魚座満月のパワーウィッシュ

宇宙の愛と導きにより私の願いが最速で叶えられましたことに感謝し、
この幸せをあらゆる方法で世の中に還元していくことを誓います。
宇宙の愛と光が、つねに私とともにあることに感謝いたします。

アンカリングワード：ハッピーな感情or状況＋ありがとうございます

2023/9/15 ✴ 10:41

水星
逆行中

乙女座
新月の
パワーウィッシュ

Virgo
New Moon

新月当日！
Keikoの動画アドバイス♪

叶えてくれるもの

✴ 与えられた役目をまっとうする

✴ 評価され、信頼を得る

✴ 完璧なレベルにもっていく

✴ その状況で最善の策を講じる

✴ 仕事をスピーディーにこなす

✴ 断捨離、整理整頓を
　習慣づける

✴ 生活習慣を立て直す

✴ 体調、コンディションを整える

✴ 減量してスリムになる

✴ 医療、治療、ヒーリング分野で
　成功する

✴ 胃腸、消化機能に関すること

乙女座新月に叶いやすいパワーウィッシュ例

「私は今期、最高の成績を残して円満退職し、
サロンオープンに向けて準備を始めることを意図します」

「私は転職先で素敵なパートナーと出会い、
誰もがうらやむ完璧なカップルになることを意図します」

Premium
Power Wish

**マイ月星座・乙女座のあなたに贈る
プレミアムパワーウィッシュ**

「私は健康で美しく、若々しくあり続けるための
エネルギーをめいっぱい受け取ることを意図します」

PWを書く前に引いた
アンカリング or アクティベイティングカード

[_____ 番]

✳ ムーンウォーター情報

水を月光浴させるのに最適な時間
18:19 〜 23:10

ボトルの下にしくカード

アンカリングカードの場合

新月
ボトル

23.ORGANIZE

満月
ボトル

25.STRENGTHS

アクティベイティングカードの場合

新月
ボトル

27.Lighten Your Body

満月
ボトル

17.Declutter

✳ 願いを叶える
Power Wish Yoga
詳しいポーズはこちら → → →

∞∞∞ Keiko's **Advice** ∞∞∞
天空図から読み解く、この日の
パワーウィッシュヒント

✦ **仕事面での軌道修正**
2023年前半の締めくくりとなるこの新月の働きは、今世、あなたが果たすべき役割を照らし出すこと。これまで様々な仕事をしてきた人もひとつの分野に打ち込んできた人も、ある出来事をきっかけに進むべき道が明確になる暗示。10天体の半分以上が逆行を続けるなか、自分の使命に気づかされ方向転換したり、やりがいを求めて新天地へ向かう人も出てきそう。天空に鮮やかに浮かび上がる「カイト」という天体配置は、現実を動かすパワー十分！　人生を一気に動かせるとき。

✦ **願いを叶えるワンプッシュ**
天職やライフワークを引き寄せたいなら、この新月がベスト。転職の成功を願うのも◎。自分の理想に忠実に。

完璧な

役に立つ

健康的

調整する

ダイエット　　オーガナイズ

効率よく

ベスト
コンディション

無駄を省く

整理整頓

習慣化する

サポートする

デトックス

MOON COLLAGE

乙女座
新月のムーンコラージュ

右ページに書いたパワーウィッシュを
象徴する写真を貼りましょう

ルーティーン

自己管理

POWER WISH
乙女座新月のパワーウィッシュ

私がここで願うことは宇宙意志と完全に調和し、世の中に愛と安らぎを
もたらす最良の方法であると確信しています。
私が今から願うことを通して、この世に生きとし生けるすべてのものに
私の愛と力が速やかに届くことを意図します。

アンカリングワード：私は〜を意図します／〜よう意図します

2023/9/29 ✦ 18:59

牡羊座
満月の
パワーウィッシュ

Aries
Full Moon

満月当日！
Keikoの動画アドバイス♪

叶えてくれるもの

✴ 新しいことをスタートさせる

✴ 展開をスピーディにする

✴ 組織を出て独立する、自立する

✴ トップの座を手にする

✴ 好きな道を突き進む

✴ 自分らしい人生を生きる

✴ スポーツ、エクササイズに
　関すること

リリースできるもの

❧ 短気、怒り

❧ せっかち、衝動、あせり

❧ ケンカっ早さ

❧ 頭、顔、髪にかかわる悩み

❧ 協調性のなさ

❧ (勝者に対する)嫉妬

❧ 頭痛

牡羊座満月に叶いやすいパワーウィッシュ例

「マンションを引き払って車での移動生活を始めた今、
予想以上の快適さと楽しさに驚いています。
こんなに楽しい人生があったなんて！　ありがとうございます!」

Premium
Power Wish
マイ月星座・牡羊座のあなたに贈る
プレミアムパワーウィッシュ

「勇気と行動力をとりこぼしなく受け取りました。
今の私はやる気120％！　ありがとうございます」

**PWを書く前に引いた
アンカリング or アクティベイティングカード**

✳ ムーンウォーター情報

水を月光浴させるのに最適な時間
日が沈んでいる時間であればOK

ボトルの下にしくカード

アンカリングカードの場合

満月
ボトル

11.PREMATURE

新月
ボトル

35.ACTION

アクティベイティングカードの場合

満月
ボトル

4.Awaken Instincts

新月
ボトル

19.Drive Away Evil

✳ 願いを叶える
Power Wish Yoga
詳しいポーズはこちら → → →

∞∞ Keiko's Advice ∞∞
天空図から読み解く、この日の
パワーウィッシュヒント

✦ "どう生きたいか"を考える

「なにか違う」「どうも物足りない……」
——この満月前後にそんな違和感を覚え
たとしたら、その理由はたったひとつ、
現状と本来の自分にギャップがあるか
ら。この満月は「あなたが生きたいよう
に生きよ！」という宇宙からのメッセー
ジ。それができている人には最高のサポ
ートになるけれど、できていない人にと
っては焦りともどかしさが募るだけ。そ
んなときは「今、あなたが一番やりたい
こと」をパワーウィッシュにするのが◎。

✦ 願いを叶えるワンプッシュ

牡羊座満月は「勝利」の象徴。ライバル
や自分自身に勝ったときの達成感を言葉
にして。

情熱

勢いよく

切り開く

チャレンジする

独立する

自立する

行動力

スタートダッシュ

勇気

自分オリジナル

スピーディー

バイタリティ

勝負に出る

一歩踏み出す

2023
9/29
18:59

牡羊座★満月

MOON COLLAGE

牡羊座
満月のムーンコラージュ

右ページに書いたパワーウィッシュを
象徴する写真を貼りましょう

牡羊座満月のパワーウィッシュ

宇宙の愛と導きにより私の願いが最速で叶えられましたことに感謝し、
この幸せをあらゆる方法で世の中に還元していくことを誓います。
宇宙の愛と光が、つねに私とともにあることに感謝いたします。

アンカリングワード：ハッピーな感情or状況＋ありがとうございます

2023/10/15 ✦ 02:56

天秤座
新月の
パワーウィッシュ

金環日食！

Libra
New Moon

新月当日！
Keikoの動画アドバイス♪

叶えてくれるもの

✱ 新しい関係がスタートする

✱ 好きな人との関係が進展する

✱ 婚約、結婚、入籍をする

✱ あらゆる人間関係がよくなる

✱ パートナー候補が現れる

✱ 好条件で契約がまとまる

✱ 訴訟・裁判に勝つ

✱ 好感度が高まり、
　人気者になる

✱ 物怖じしなくなる

✱ よいビジネスパートナーが
　みつかる

✱ ウエスト、腰に関すること

天秤座新月に叶いやすいパワーウィッシュ例

「私はT君と結婚に向けて話し合いを始め、
年内にお互いの両親に紹介し合うことを意図します」

「私はお客様方の口コミのおかげで営業しなくてもサクサク
契約が取れ、すんなり昇給することを意図します」

Premium
Power Wish
マイ月星座・天秤座のあなたに贈る
プレミアムパワーウィッシュ

「私はパートナーに出会うための準備を整え、最高の
タイミングで運命の出会いを果たすことを意図します」

 ムーンウォーター情報

水を月光浴させるのに最適な時間
17:52 ～ 23:48

ボトルの下にしくカード

アンカリングカードの場合

新月
ボトル

満月
ボトル

36.GRATITUDE　　**2.IMAGING**

アクティベイティングカードの場合

新月
ボトル

満月
ボトル

34.Think Rich　　**11.Change Routine**

願いを叶える
Power Wish Yoga
詳しいポーズはこちら →→→

∞∞∞ Keiko's **Advice** ∞∞∞
天空図から読み解く、この日の
パワーウィッシュヒント

✴ 人間関係がお金を生む

この新月は、天秤座のテーマである「社交性」「対人関係」がこの先、収入面に反映されてくることを示唆。これは「人間関係がスムーズであれば日々の仕事やビジネスもうまくいき、収入も増える」ということ。報酬は才能や能力の高さに比例すると思われがちだけれど、それ以上に大事なのがじつは、人間関係。これは、考えてみれば当然のこと。お金を払うのは宇宙でもロボットでもなく、生身の人間なのだから。リッチなパートナーを引き寄せる願いもこの新月で。

✴ 願いを叶えるワンプッシュ

天秤座で「蝕」が起こるのは18年ぶり。新しいパートナーの登場を願うには最高のタイミング。

バランス

洗練された

立ち居ふるまい

合意する

美しくなる　　WIN-WIN

出会い

好感度の高い

愛される

第一印象

愛と調和

公正・公平

結婚・婚約

2023
10/15
02:56

天秤座・新月

MOON COLLAGE

天秤座
新月のムーンコラージュ

右ページに書いたパワーウィッシュを
象徴する写真を貼りましょう

恋人・パートナー

魅力的な

天秤座新月のパワーウィッシュ

私がここで願うことは宇宙意志と完全に調和し、世の中に愛と繁栄を
もたらす最良の方法であると確信しています。
私が今から願うことを通して、この世に生きとし生けるすべてのものに、
私の愛と力が速やかに届くことを意図します。

アンカリングワード：私は〜を意図します／〜よう意図します

2023/10/29 ✦ 05:25

部分月食！

牡牛座
満月の
パワーウィッシュ

Taurus
Full Moon

満月当日！
Keikoの動画アドバイス♪

叶えてくれるもの

✳ 衣食住のクオリティを高める

✳ 不確実なものを確実にする

✳ 収入、財産を増やす

✳ 才能、センスをお金に換える

✳ 辛抱強く取り組む

✳ 物事を安定路線に着地させる

✳ 堅実な男女関係を育む

✳ 人生のあらゆる豊かさを
　味わう

リリースできるもの

◆ 頑固、融通が利かない

◆ しつこさ、こだわりすぎ

◆ 執着、失うことへの恐れ

◆ 往生際の悪さ

◆ 喉、首、声、甲状腺に
　かかわるトラブル

牡牛座満月に叶いやすいパワーウィッシュ例

「パートナーと一緒に始めたセレクトショップがあっという間に
大人気店に！　オープン初月から売り上げ100万円を超え、
思い描いた通りの展開です。ありがとうございます！」

Premium
Power Wish

マイ月星座・牡牛座のあなたに贈る
プレミアムパワーウィッシュ

「心の中に巣くっていたプアな考えが消え、今すでに
十分リッチな気分です。ありがとうございます」

⎯⎯⎯⎯⎯⎯⎯⎯⎯⎯⎯⎯⎯⎯⎯⎯⎯⎯⎯⎯⎯

ムーンウォーター情報

水を月光浴させるのに最適な時間
日が沈んでいる時間であればOK

ボトルの下にしくカード

アンカリングカードの場合

満月ボトル
29.TRUST

新月ボトル
18.GENEROSITY

アクティベイティングカードの場合

満月ボトル
18.Do Not Judge

新月ボトル
28.Make Space

願いを叶える
Power Wish Yoga
詳しいポーズはこちら → → →

∞ Keiko's Advice ∞
天空図から読み解く、この日の
パワーウィッシュヒント

✦ リッチな暮らしを実現

天秤座日食に引き続き、この月食でも「パートナーシップと豊かさ」がテーマ。天秤座日食との違いを挙げるとすれば、この月食がラッキースター木星とほぼ一体化しているということ。「牡牛座木星期の牡牛座月食」という貴重なエネルギーを受け取るためにも、このパワーウィッシュは書き逃しなきように。あなたにとって「満ち足りた状態」がどういうものかを明確にしたら、それを「誰(どういう人)」と分かち合いたいかまでイメージしてみて。

✦ 願いを叶えるワンプッシュ

この月食は「何ひとつ不自由のない恵まれたカップル」を象徴。円満離婚を願うのも◎。

富・豊かさ

安定する

手堅く

余裕

ふんだんに

定期的に

不自由なく

有り余るほどの

揺るぎない

才能・ギフト

堪能する

満ち足りた

五感

ハイクオリティ

2023
10/29
05:25

牡牛座★満月

MOON COLLAGE

牡牛座
満月のムーンコラージュ

右ページに書いたパワーウィッシュを
象徴する写真を貼りましょう

POWER WISH

牡牛座満月のパワーウィッシュ

宇宙の愛と導きにより私の願いが最速で叶えられましたことに感謝し、
この幸せをあらゆる方法で世の中に還元していくことを誓います。
宇宙の愛と光が、つねに私とともにあることに感謝いたします

アンカリングワード：ハッピーな感情or状況＋ありがとうございます

2023/11/13 ✴ 18:29

蠍座
新月の
パワーウィッシュ

Scorpio
New Moon

叶えてくれるもの

✴ 物事を深く掘り下げる

✴ 並はずれた集中力を発揮する

✴ 愛する人との絆を深める

✴ ソウルメイトを引き寄せる

✴ 過去の失敗を成功に変える

✴ 再生・復活させる

✴ 美しく変貌を遂げる

✴ 不動産を購入する

✴ 不労所得を手にする

✴ 子宮、卵巣、生理に
　関すること

✴ ホルモン、セクシャリティに
　関すること

新月当日！
Keikoの動画アドバイス♪

蠍座新月に叶いやすいパワーウィッシュ例

「私は趣味でやってきたカリグラフィーの腕前をプロレベルにまで
磨き上げ、収入につなげることを意図します」

「私は子宮温活マッサージを習慣にし、
PMSとは無縁の体質に生まれ変わることを意図します」

Premium
Power Wish

マイ月星座・蠍座のあなたに贈る
プレミアムパワーウィッシュ

「私は大胆な変容を遂げ、大きな財産とソウルメイトを
引き寄せる、美しき磁石になることを意図します」

✴⌒ ムーンウォーター情報

水を月光浴させるのに最適な時間
19:03 〜 24:12

━━━ ボトルの下にしくカード ━━━
◆◆◆ アンカリングカードの場合 ◆◆◆

新月
ボトル

満月
ボトル

25.STRENGTHS **13.CHANGE**

◆◆◆ アクティベイティングカードの場合 ◆◆◆

新月
ボトル

満月
ボトル

22.Exercise **2.Adjust Balance**

✴ 願いを叶える
Power Wish **Yoga**
詳しいポーズはこちら →→

∞∞∞ **Keiko's Advice** ∞∞∞
天空図から読み解く、この日の
パワーウィッシュヒント

✴ 習慣を変えて生まれ変わる
蠍座がもたらすのはちょっとした変化ではなく、サナギが蝶に、〝みにくいアヒルの子〟が白鳥になるような「変容」。私たちが変容するのは、何かしら大きな心理的出来事がきっかけとなることが多いのだけれど、とはいえ、自分自身の力で変容を起こすことも可能。「それを望むならまず、習慣を変えなさい」──そう語りかけてくるのが、この蠍座新月。新月の真向かいには「現状改革」を推進する天王星があることから、望むと望まざるとにかかわらずルーティーンの刷新&バージョンアップはマスト。定番ほど変えるべき。

✴ 願いを叶えるワンプッシュ
どういう自分になりたいかのみならず「自分を変えて何を達成したいか」までイメージするのがコツ。

リベンジ

集中力

不動産

先祖・家系

唯一無二

再生・復活

結ばれる

ソウルメイト

底力

継承する

心機一転

遺産

ロイヤリティ

2023
11/13
18:29

MOON COLLAGE

蠍座
新月のムーンコラージュ

蠍座＋新月

右ページに書いたパワーウィッシュを
象徴する写真を貼りましょう

不労所得

生まれ変わる

POWER WISH

蠍座新月のパワーウィッシュ

私がここで願うことは宇宙意志と完全に調和し、世の中に愛と平安を
もたらす最良の方法であると確信しています。
私が今から願うことを通して、この世に生きとし生けるすべてのものに、
私の愛と力が速やかに届くことを意図します。

アンカリングワード：私は〜を意図します／〜よう意図します

2023/11/27 ✦ 18:17

双子座
満月の
パワーウィッシュ

Gemini
Full Moon

満月当日！
Keikoの動画アドバイス♪

叶えてくれるもの

✳ 物ごとを正しく的確に伝える

✳ 多方面でマルチに活躍する

✳ 必要な情報を手に入れる

✳ 興味があることを勉強して
可能性を広げる

✳ 新しい環境に順応する

✳ 副業で利益を得る

✳ 世渡り上手になる

リリースできるもの

◆ コミュニケーションの苦手意識

◆ 三日坊主、集中できない

◆ 飽きっぽい

◆ 口ベタ、人見知り

◆ ネット依存

◆ 手、腕、呼吸器にかかわる
トラブル

◆ 花粉症

双子座満月に叶いやすいパワーウィッシュ例

「TikTokを使ったPRが大成功、売り上げがなんと5倍になりました！
若いスタッフの感性とPRセンスに脱帽です！　ありがとうございます」

Premium Power Wish | マイ月星座・双子座のあなたに贈る
プレミアムパワーウィッシュ

「単調な人生から見事脱出成功！　今から始まる
刺激的な毎日にワクワクします。ありがとうございます」

PWを書く前に引いた
アンカリング or アクティベイティングカード

番

✳ ムーンウォーター情報

水を月光浴させるのに最適な時間
日が沈んでいる時間であればOK

ボトルの下にしくカード

アンカリングカードの場合

満月
ボトル

新月
ボトル

2.IMAGING　　　**29.TRUST**

アクティベイティングカードの場合

満月
ボトル

新月
ボトル

5.Be Efficient　　**3.Attract Good Data**

✳ 願いを叶える
Power Wish **Yoga**
詳しいポーズはこちら → → →

⬡∞∞ Keiko's **Advice** ∞∞⬡
天空図から読み解く、この日の
パワーウィッシュヒント

✴ **学びを深め、世の中に発信**

たくさんの人とコミュニケーションをとり、知識と情報を増やしていくのが双子座満月のテーマ。双子座は本来「広く浅く」のサインだけれど、この時期に限っては興味あることをより深く学び、専門性を高めるのが◎。オールラウンドプレーヤーよりプロフェッショナルが評価される風の時代、自分の得意分野を見極めておくのも大切なこと。意識したいのは積極的な「情報発信」。人に教える、SNSで発信するなど学びのアウトプットを。自分自身の言葉で伝えるのが大事。

✴ **願いを叶えるワンプッシュ**

目に見えない、おおいなる力が働くとき。ピンチを脱出したいならまず「信じること」。自分も人も、そして宇宙も。

同時進行

SNS

臨機応変

ベストタイミング

言葉・情報

軽やかに

サクッと

バラエティ豊か

リズミカルに

アイディア豊富

インプット

情報発信

アウトプット

2023
11/27
18:17

双子座＋満月

MOON COLLAGE

双子座
満月のムーンコラージュ

右ページに書いたパワーウィッシュを
象徴する写真を貼りましょう

コミュニケーション

両方とも

双子座満月のパワーウィッシュ

宇宙の愛と導きにより私の願いが最速で叶えられましたことに感謝し、この幸せをあらゆる方法で世の中に還元していくことを誓います。宇宙の愛と光が、つねに私とともにあることに感謝いたします。

アンカリングワード：ハッピーな感情or状況＋ありがとうございます

2023/12/13 ✦ 08:33

射手座
新月の
パワーウィッシュ

水星逆行中

Sagittarius
New Moon

新月当日！
Keikoの動画アドバイス♪

叶えてくれるもの

✴ 今あるものを拡大・発展させる

✴ チャンスと可能性を引き寄せる

✴ 楽観的に明るく生きる、
　行動する

✴ 世界を股にかけて活躍する

✴ どんなことでも平均以上の
　結果を出し、成功する

✴ ピンチになっても
　助け舟が現れる

✴ 強運が当たり前になる

✴ オープンで外向的な
　性格になる

✴ 海外とのつながりができる

✴ マスコミ、出版分野で活躍する

✴ 腰、ヒップ、太腿に関すること

射手座新月に叶いやすいパワーウィッシュ例

「私は思い切って3週間の休みを取り、長年の夢だった
マチュピチュ探検ツアーに、今年こそ参加することを意図します」

「私は半年以内にイタリア人のパートナーと結婚し、
ミラノで暮らすことを意図します」

Premium Power Wish

マイ月星座・射手座のあなたに贈る
プレミアムパワーウィッシュ

「私は〝願いは叶ってあたりまえ〟という意識を
細胞レベルで永久設定することを意図します」

 ムーンウォーター情報

水を月光浴させるのに最適な時間
16:48 ～ 23:20

ボトルの下にしくカード

アンカリングカードの場合

新月
ボトル

満月
ボトル

17.ASSOCIATION　　**35.ACTION**

アクティベイティングカードの場合

新月
ボトル

満月
ボトル

23.Expand Action　　**25.Increase Range**

願いを叶える
Power Wish **Yoga**
詳しいポーズはこちら → →

◇◇◇ Keiko's **Advice** ◇◇◇
**天空図から読み解く、この日の
パワーウィッシュヒント**

✴ **人とのつながりが夢を叶える**
「アドベンチャーサイン」と呼ばれる射手
座での新月はズバリ、可能性の宝庫。な
かでも宇宙が推奨しているのは「チーム
を組むこと」。三人寄れば文殊の知恵と
いう言葉どおり、自分一人では無理でも、
力を合わせることによって実現できるこ
とはたくさんあるはず。そうでなくても
会合の多いこの時期、新しい人と知り合
ってネットワークを広げていくのは大正
解！　利害関係のない友人や遊び仲間が
増えれば増えるほど、運が活性化。

✴ **願いを叶えるワンプッシュ**
ラッキースター木星が勢いづくこの新月
では、棚ボタやビギナーズラックを願う
のもアリ。

向上心

強運

旅行

楽観的

棚ボタ

自由気まま

飛び込む

インターナショナル

海外・外国

のびのびと

新しい世界

成功する

活躍する

2023
12/13
08:33

射手座 ✦ 新月

MOON COLLAGE

射手座
新月のムーンコラージュ

右ページに書いたパワーウィッシュを
象徴する写真を貼りましょう

世界を股にかけて

オープンマインド

POWER WISH

射手座新月のパワーウィッシュ

私がここで願うことは宇宙意志と完全に調和し、世の中に愛と繁栄を
もたらす最良の方法であると確信しています。
私が今から願うことを通して、この世に生きとし生けるすべてのものに、
私の愛と力が速やかに届くことを意図します。

アンカリングワード：私は〜を意図します／〜よう意図します

2023/12/27 ✦ 09:34

蟹座
満月の
パワーウィッシュ

水星逆行中

Cancer
Full Moon

満月当日！

Keikoの動画アドバイス♪

叶えてくれるもの

✴ ファミリーライフを充実させる

✴ 子どもを授かる、出産する

✴ 感情をコントロールする

✴ プライベートを充実させる

✴ 心から安らげる環境を作る

✴ 家族同然の仲間を作る

✴ 理想のマイホームを購入する

リリースできるもの

◆ 家族との不和、不仲

◆ 幼少期のトラウマ

◆ おせっかい、干渉しすぎ

◆ 心配性

◆ 感情のアップダウン

◆ 傷つきやすい、怖がり

◆ 胸部、バストに関する悩みやトラブル

蟹座満月に叶いやすいパワーウィッシュ例

「仕事量をセーブした結果、家族に怒りをぶつけてしまうクセが自然になくなりました。嬉しいことに今、心身ともに最高の状態です。ありがとうございます」

Premium
Power Wish

マイ月星座・蟹座のあなたに贈る
プレミアムパワーウィッシュ

「家族にかかわる一切の悩みが砕け散り、平和が戻ってきました。穏やかな日々に感謝。ありがとうございます」

PWを書く前に引いた
アンカリング or アクティベイティングカード

〔　　　　　　　　　番〕

✳ ムーンウォーター情報

水を月光浴させるのに最適な時間
日が沈んでいる時間であればOK

ボトルの下にしくカード

アンカリングカードの場合

満月ボトル　**31.RELEASE**　　**15.REST**　新月ボトル

アクティベイティングカードの場合

満月ボトル　**6.Be Gracious**　　**17.Declutter**　新月ボトル

✳ 願いを叶える
Power Wish **Yoga**
詳しいポーズはこちら → → →

∞∞ Keiko's **Advice** ∞∞
天空図から読み解く、この日の
パワーウィッシュヒント

✳ プライベートを幸せで満たす

蟹座の満月は「愛に満ちた幸せな家庭」の象徴。血のつながりがあろうがなかろうが、安心して羽を休められる場所は必要不可欠。そんな居心地のいい家庭を作り、揺るぎない自分を育てるサポートをしてくれるのが、この蟹座満月。安定をもたらす土星からのバックアップも強力なので波風の立たない暮らし、（義）両親との心地よい関係、安産＆楽しい子育てを願うのも◎。日々の生活に追われ人生を楽しむ余裕がない人はまず、プライベートの充実を願って。

✳ 願いを叶えるワンプッシュ

幸せの形は人それぞれ。あなた自身の幸せが具体的にどういうものか、明確に書くことがポイント。

母性　　　　育てる　　　　　　　　　　料理

妊娠・出産

世話をする　　　親子関係　　　　安心できる

親しむ　　　　　　　　　　　　　拠りどころ

幸せな暮らし

安らぎ　　　子育て　　　　もてなす

2023
12/27
09:34

MOON COLLAGE

蟹座
満月のムーンコラージュ

右ページに書いたパワーウィッシュを
象徴する写真を貼りましょう

蟹座＊満月

家族だんらん　　　　家事

POWER WISH

蟹座満月のパワーウィッシュ

宇宙の愛と導きにより私の願いが最速で叶えられましたことに感謝し、
この幸せをあらゆる方法で世の中に還元していくことを誓います。
宇宙の愛と光が、つねに私とともにあることに感謝いたします。

アンカリングワード：ハッピーな感情or状況＋ありがとうございます

2024/1/11 ✦ 20:59

山羊座
新月の
パワーウィッシュ

Capricorn
New Moon

新月当日！
Keikoの動画アドバイス♪

叶えてくれるもの

- ✦ 大きな目標を達成する
- ✦ 途中で挫折することなく地道に努力する
- ✦ 社会的評価が高まり昇格・昇進・昇給する
- ✦ その道の第一人者に上りつめる
- ✦ 不安なものを断ち切る
- ✦ 年長者から引き立てられ白羽の矢が立つ
- ✦ ステイタスがアップする
- ✦ 父親・上司との関係がよくなる
- ✦ 条件のよい見合い話がくる
- ✦ 歯、骨、関節、皮膚に関すること

山羊座新月に叶いやすいパワーウィッシュ例

「私は上司に直談判してこの4月に商品開発室へ異動、
頭に浮かんでくるアイディアを次々と商品化し、遊ぶように
楽しく仕事をすることを意図します」

 Premium Power Wish
マイ月星座・山羊座のあなたに贈る
プレミアムパワーウィッシュ

「私は成功に必要な運・チャンス・能力、そして
最高の人脈を、すべて手にすることを意図します」

✴ ムーンウォーター情報

水を月光浴させるのに最適な時間
21:21 〜 24:55

ボトルの下にしくカード

▸ アンカリングカードの場合

新月ボトル
10.GOODWILL

満月ボトル
16.POWER CHARGE

▸ アクティベイティングカードの場合

新月ボトル
16.Create Power Home

満月ボトル
7.Be Prepared

✴ 願いを叶える
Power Wish **Yoga**
詳しいポーズはこちら → → →

∞ Keiko's Advice ∞
天空図から読み解く、この日の
パワーウィッシュヒント

✴ **仕事は楽しく働いてこそ!**
職業・キャリアを意味する山羊座の新月
が「遊び」のハウスで起こる……一見矛
盾しているように思えても、これこそが
風の時代の典型的ワーキングスタイル。
生きるために好きでもない仕事を続ける
ことから卒業しよう。風の時代4年目に
入る今、「自分が楽しめることを仕事にす
る」という流れはこれからさらに本格化
しそう。注目したいのは、新月のすぐ傍
にある山羊座の冥王星。「この仕事、好
き♪」と本能的に感じるものがヒントに。

✴ **願いを叶えるワンプッシュ**
成功したいことほど「遊び心」が大事。
目標を達成したときに味わえる感情まで
書くと効果倍増!

名声　　　ステイタス　　　　　　上りつめる

昇進・昇格

一歩一歩　　　国家資格　　　　　着実に

合格する　　　　　　　　　　　　抜擢される

達成する

計画どおりに　　　粘り強く　　　結果を出す

MOON COLLAGE

山羊座
新月のムーンコラージュ

右ページに書いたパワーウィッシュを
象徴する写真を貼りましょう

プロフェッショナル

評価される

山羊座新月のパワーウィッシュ

私がここで願うことは宇宙意志と完全に調和し、世の中に愛と繁栄を
もたらす最良の方法であると確信しています。
私が今から願うことを通して、この世に生きとし生けるすべてのものに、
私の愛と力が速やかに届くことを意図します。

アンカリングワード：私は〜を意図します／〜よう意図します

2024/1/26 ✦ 02:55

獅子座
満月の
パワーウィッシュ

Leo
Full Moon

満月当日！
Keikoの動画アドバイス♪

叶えてくれるもの

✳ 思うままに人生をクリエイト

✳ 自信をもって大胆に生きる

✳ 自分を上手にアピールする

✳ ゴージャスライフを手に入れる

✳ 好きな趣味を仕事にする

✳ チームや会社をまとめあげる

✳ 芸能、舞台、ショービズ界で
成功する

リリースできるもの

◆ 見栄っぱり、虚栄心

◆ 傲慢、ワンマン

◆ 自信がない、過小評価

◆ 自己否定

◆ わがまま、自己中心的

◆ 心臓、背中、血液、姿勢に
関する悩みやトラブル

獅子座満月に叶いやすいパワーウィッシュ例

「私は今、ラッピングデザイナーとして大活躍しています。
好きなことをして人に喜ばれ、賞賛され、お金までいただけるなんて
最高の人生です！　ありがとうございます!」

Premium
Power Wish
マイ月星座・獅子座のあなたに贈る
プレミアムパワーウィッシュ

「引っこみ思案な私は完全に過去の姿。今日から
光の当たる道を歩みます！　ありがとうございます」

PWを書く前に引いた
アンカリング or アクティベイティングカード

番

 ムーンウォーター情報

水を月光浴させるのに最適な時間
日が沈んでいる時間であればOK

ボトルの下にしくカード

アンカリングカードの場合

満月ボトル ― **21.PRAISE**

新月ボトル ― **18.GENEROSITY**

アクティベイティングカードの場合

満月ボトル ― **29.Move Your Heart**

新月ボトル ― **20.Enjoy Challenge**

願いを叶える
Power Wish **Yoga**
詳しいポーズはこちら → → →

∞∞ Keiko's Advice ∞∞
天空図から読み解く、この日の
パワーウィッシュヒント

✴ **自分に相応しい"輝き方"が見えてくる**
「あなたがもっとも輝ける方法」を教えてくれるのが、この獅子座満月。ヒントのひとつは「時間を忘れて没頭できるかどうか」。それをやっているとあっという間に時間が過ぎる……というものがあれば、しばらくそこに全精力を注いでみて。それによってあなたの底力が引き出され、「磁力」が増してくる可能性大。もうひとつ、家系的に受け継いでいる才能や能力も大きなヒントに。あなたが輝く道は、意外にも身近なところにありそう。

✴ **願いを叶えるワンプッシュ**
あなた自身の魂を照らし出す満月。書いているとき「腑に落ちる」感覚があれば、それこそが魂の声。

プライド

堂々と

オーラ

ドラマティック

光り輝く　　ゴージャス　　　　　　　　　　VIP

アイデンティティ

主役になる

注目の的　　楽しみながら　　自信をもって　　エンジョイする

表現する

2024
1/26
02:55

獅子座★満月

MOON COLLAGE

獅子座
満月のムーンコラージュ

右ページに書いたパワーウィッシュを
象徴する写真を貼りましょう

獅子座満月のパワーウィッシュ

宇宙の愛と導きにより私の願いが最速で叶えられましたことに感謝し
この幸せをあらゆる方法で世の中に還元していくことを誓います。
宇宙の愛と光が、つねに私とともにあることに感謝いたします。

アンカリングワード：ハッピーな感情or状況+ありがとうございます

2024/2/10 ✦ 08:00

水瓶座
新月の
パワーウィッシュ

10天体順行中！

Aquarius
New Moon

新月当日！
Keikoの動画アドバイス♪

叶えてくれるもの

- ✳ 常識にとらわれない生き方をする
- ✳ フリーランスとして活躍する
- ✳ 独創的なアイディアが浮かぶ
- ✳ 人生を思いっきり変える
- ✳ クリエイティブな才能を発揮する
- ✳ 仲間が増え、人脈が広がる
- ✳ インターネットビジネスを成功させる
- ✳ 柔軟な発想をする
- ✳ SNSを上手に活用する
- ✳ ふくらはぎ・くるぶしに関すること、代替医療全般

水瓶座新月に叶いやすいパワーウィッシュ例

「私は世間体や時代遅れの常識にとらわれることなく、
自分の行きたい道を軽やかに進むことを意図します」

「私は3月いっぱいで会社を辞め、
フリーランスとして今以上に活躍することを意図します」

Premium Power Wish マイ月星座・水瓶座のあなたに贈る
プレミアムパワーウィッシュ

「私は宇宙と完全に一体化し、
宇宙のサインを自由自在に受け取ることを意図します」

ムーンウォーター情報

水を月光浴させるのに最適な時間
17:26 〜 23:39

ボトルの下にしくカード

アンカリングカードの場合

新月ボトル

XXV
STRENGTHS

25.STRENGTHS

満月ボトル

V
SYNCHRONICITY

5.SYNCHRONICITY

アクティベイティングカードの場合

新月ボトル

21.Entrust to Cosmos

満月ボトル

1.Add Light

願いを叶える
Power Wish Yoga
詳しいポーズはこちら → →

◇◇◇ Keiko's **Advice** ◇◇◇
天空図から読み解く、この日の
パワーウィッシュヒント

✴ **人生に革命を起こすなら今!**
この新月は停滞した状況に一石を投じ、新たな流れを生み出すことになりそう。ここで新月以上のインパクトをもつのが1月21日、水瓶座に再び舞い戻ってきた冥王星。この冥王星は、地の時代の「負の遺産」を解体するのが最大の仕事。現状を大きく変えたい人はこの気運に便乗し、人生の刷新をはかるのがスムーズ。会社を辞めてフリーになりたい、窮屈な環境から離れたい、自由な人生を謳歌したい……そんな願いはこの新月がベスト。

✴ **願いを叶えるワンプッシュ**
この新月は潜在意識のリセットにも効果バツグン! 自信のない人はまず、「自分自身を信じる」ことを意図して。

シンクロ

刷新する

仲間・友情

現状打破

出る杭になる

IT・ネットワーク

型破り

人脈・横のつながり

時代にマッチ

フリーランス

合理化する

自由な発想

革新的な

2024
2/10
08:00

水瓶座★新月

MOON COLLAGE

水瓶座
新月のムーンコラージュ

右ページに書いたパワーウィッシュを
象徴する写真を貼りましょう

ドラスティックに

理想通り

水瓶座新月のパワーウィッシュ

私がここで願うことは宇宙意志と完全に調和し、世の中に愛と豊かさを
もたらす最良の方法であると確信しています。
私が今から願うことを通して、この世に生きとし生けるすべてのために、
私の愛と力が速やかに届くことを意図します。

アンカリングワード：私は〜を意図します／〜よう意図します

2024/2/24 ★ 21:32

10天体順行中！

乙女座
満月の
パワーウィッシュ

Virgo
Full Moon

満月当日！
Keikoの動画アドバイス♪

叶えてくれるもの

✴ 仕事をスピーディーにこなす

✴ 周りから評価され、信頼を得る

✴ その状況で最善の策を講じる

✴ 断捨離、整理整頓を習慣づける

✴ 生活習慣を立て直す

✴ 体調を整える、スリムになる

✴ 医療、治療、ヒーリング分野で
　成功する

リリースできるもの

◆ 神経質、批判的

◆ マイナス思考

◆ ミスを許せない

◆ 完璧でないと不満

◆ 過度に繊細、デリケート

◆ 胃腸や体重に関する悩み

◆ 便秘、下痢

乙女座満月に叶いやすいパワーウィッシュ例

「"片づけられない症候群"から完全に脱却できました！
おかげで思考も感情も常にピュアでクリアな状態です。
ありがとうございます！」

Premium
Power Wish

マイ月星座・乙女座のあなたに贈る
プレミアムパワーウィッシュ

「不健全な習慣とネガティブな感情を根こそぎ手放しました。
今の私はベストコンディション！　ありがとうございます」

PWを書く前に引いた
アンカリング or アクティベイティングカード

〔　　〕番

ムーンウォーター情報

水を月光浴させるのに最適な時間

日が沈んでいる時間であればOK

ボトルの下にしくカード

アンカリングカードの場合

満月ボトル

新月ボトル

23.ORGANIZE　　　　**24.PURIFICATION**

アクティベイティングカードの場合

満月ボトル

新月ボトル

14.Circulate Energy　　**24.Get Into Shape**

願いを叶える
Power Wish **Yoga**
詳しいポーズはこちら → → →

∽∽∽ Keiko's **Advice** ∽∽∽
天空図から読み解く、この日の
パワーウィッシュヒント

✦ 2024年に向けて環境を整える
宇宙カレンダー上の2023年も、残すところあと1ヵ月。この時期宇宙が強調してきているのは、「今のあなたに必要ないもの」の断捨離。物置に山と積まれたガラクタ、着ないのにとってある服や小物、何年も前の雑誌や書類……古いエネルギーを放つものは極力処分し、2024年宇宙元旦に向け「運を招き入れるスペース」を作っておくこと！ 幽霊会員と化しているジム、義理で続けているお稽古事など、惰性で続けているものは退会を。

✦ 願いを叶えるワンプッシュ
不要なものを手放したあと、自分のもとに「やってきてほしいもの」を書けばさらによし！

完璧な

調整する

断捨離

サポートする

ダイエット

効率よく

役に立つ

オーガナイズ

デトックス

無駄を省く

習慣化する

健康的

整理整頓

MOON COLLAGE

乙女座
満月のムーンコラージュ

右ページに書いたパワーウィッシュを
象徴する写真を貼りましょう

ベスト
コンディション

POWER WISH
乙女座満月のパワーウィッシュ

宇宙の愛と導きにより私の願いが成就できましたことに感謝し、
この幸せをあらゆる方法で世の中に還元していくことを誓います。
宇宙の愛と光が、つねに私とともにあることに感謝いたします

アンカリングワード：ハッピーな感情or状況＋ありがとうございます

2024/3/10 ✴ 18:02

10天体
順行中!

魚座
新月の
パワーウィッシュ

Pisces
New Moon

新月当日!

Keikoの動画アドバイス♪

叶えてくれるもの

* ✴ 愛し、愛される人になる
* ✴ 過去の傷やトラウマが癒える
* ✴ 大きな愛と広い心を
  もつ人になる
* ✴ 許せない人を
  許せるようになる
* ✴ 目に見えない世界からパワー
  を受け取る
* ✴ 滞ったエネルギーを循環させる
* ✴ イメージしたことを現実にする
* ✴ ヒーリング能力を身につける
* ✴ 音楽や芸術の才能を開花させる
* ✴ 腐れ縁を断ち切る
* ✴ 足、リンパ、睡眠に関すること

魚座新月に叶いやすいパワーウィッシュ例

「私は4月から読み聞かせのボランティアを始め、
自分の中に眠っている愛のエネルギーを循環させることを意図します」

「私はムーンコラージュを楽しむことで、
願っていることをクリアに可視化することを意図します」

Premium
Power Wish

**マイ月星座・魚座のあなたに贈る
プレミアムパワーウィッシュ**

「私はあらゆる感情を愛に変え、愛と感謝を
多くの人々にシェアすることを意図します」

Pre Memo

PWを書く前に引いた
アンカリング or アクティベイティングカード

 番

ムーンウォーター情報

水を月光浴させるのに最適な時間

18:32 〜 24:54

ボトルの下にしくカード

アンカリングカードの場合

新月ボトル　満月ボトル

36.GRATITUDE　**10.GOODWILL**

アクティベイティングカードの場合

新月ボトル　満月ボトル

19.Drive Away Evil　**28.Make Space**

願いを叶える
Power Wish Yoga
詳しいポーズはこちら → →

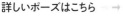

∞∞∞ Keiko's Advice ∞∞∞
**天空図から読み解く、この日の
パワーウィッシュヒント**

✦ 2024年の運を先取り!

この魚座新月はさしずめ、2023年の終業式。とはいえ10日後には2024年がスタートするとあって、100%終業式というよりは、始業式とミックスしたような状態。このタイミングでぜひやっておきたいのが、何かしら「新しいルーティーン」を作ること。粗塩を入れて入浴する、バスタイム後にストレッチをする、毎日必ず海藻を摂る……etc. 2024年も引き続き「魚座土星期」とあって、海のエネルギーを取り込める習慣がイチオシ。

✦ 願いを叶えるワンプッシュ

音楽と相性のいい魚座のエネルギー。パワーウィッシュを書くときはぜひ、お気に入りのBGMを聴きながら。

水に流す　　休息　　　　　　　　白紙に戻す

世界平和

リセット　　溶けあう　　　　　　受け入れる

癒やし・ヒーリング

浄化する

無条件の愛　　一掃する　　天使・精霊　　手放す

MOON COLLAGE

魚座
新月のムーンコラージュ

魚座＋新月

右ページに書いたパワーウィッシュを
象徴する写真を貼りましょう

循環させる　　一体化

POWER WISH
魚座新月のパワーウィッシュ

私がここで願うことは宇宙意志と完全に調和し、世の中に愛と繁栄を
もたらす最良の方法であると確信しています。
私が今から願うことを通して、この世に生きとし生けるすべてのものに、
私の愛と力が速やかに届くことを意図します。

アンカリングワード：私は〜を意図します／〜よう意図します

POWER WISH

Special Appendix - I

パワーウィッシュ追加シート

　パワーウィッシュは「人生を自らの手でクリエイトできる」もっともカンタンかつ有効な方法。なにしろ、必要なのはたった2つ —— ペンとこのノートのみ。

　パワーウィッシュは続けるほど成就力がアップするので、月2回の習慣にしてしまうのがいちばん！　コツは、楽しみながら書くこと。「次のパワーウィッシュが待ちきれない♪」くらいになったらシメたもの。人生を自在にコントロールできる日も遠くないわ。

　7冊目の今回もみなさんからのリクエストにお応えし、巻末に「切り取り式追加シート」をご用意。「毎回書きたいことがたくさんあってページが足りない！」という方々にも、きっとご満足いただけるのではないかしら。

　この追加シートはその都度切り取って、該当する新月・満月のページに挟み込んでくださいね。

Keiko

PowerWish

[　　]座[　　　]月のパワーウィッシュ（つづき）

[　]座[　 　]月のパワーウィッシュ（つづき）

PowerWish

[　　]座[　　]月のパワーウィッシュ（つづき）

PowerWish

[　　　　]座[　　　　]月のパワーウィッシュ(つづき)

[　　]座[　　]月のパワーウィッシュ(つづき)

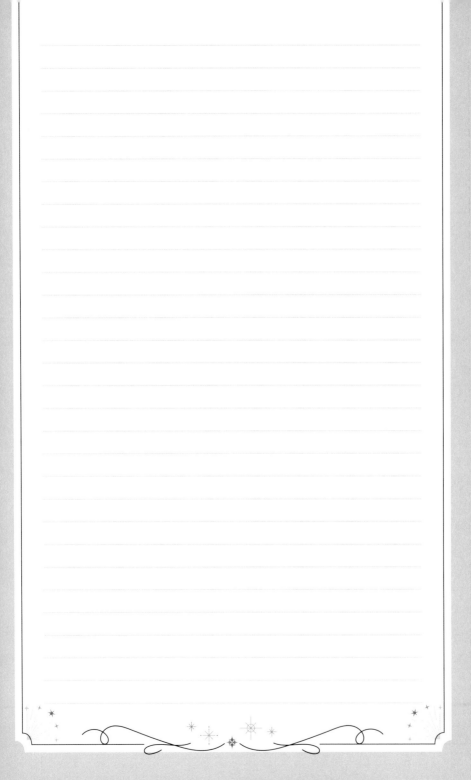

PowerWish

[　　]座[　　]月のパワーウィッシュ（つづき）

PowerWish

[　　　]座[　　　　]月のパワーウィッシュ（つづき）

PowerWish

[　]座[　 　]月のパワーウィッシュ（つづき）

月〔ツキ〕を味方に

by Keiko

POWER WISH
Special Appendix - II

ムーンコラージュ
イメージサンプル集

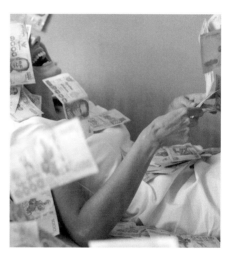

Keiko

月を使った開運法「ルナロジー®」、新月・満月を使った願望達成法「パワーウィッシュ®」創始者。慶應義塾大学法学部政治学科卒業。(株)電通退社後、「占星術は占いではなく、星のエネルギーを読み取るスキル」というポリシーのもと、独自の切り口で開運情報の提供を開始。政財界・芸能界にもファンが多く、ブログ読者は12万人、累計発行部数は170万部超。Keiko'sパワーウィッシュアカデミーでは新月・満月の動画解説のほかKeiko占星術の奥義、マゼンタパワーの実践的な使い方、毎月1日に「Keiko占術的 今月の傾向と対策」も伝授。『Keiko的宇宙にエコヒイキされる願いの書き方〜新月・満月のパワーウィッシュ』(講談社)、『自分の「引き寄せ力」を知りたいあなたへ』『お金の「引き寄せ力」を知りたいあなたへ』(以上マガジンハウス)など著書多数。パワーウィッシュの教科書ともいうべき『新月・満月のパワーウィッシュ』は2021年、英・仏・独・伊・西・葡の6ヵ国語に翻訳、全世界で発売された。

Keiko's パワーウィッシュアカデミー
https://mi-mollet.com/powerwish

WEBマガジン『Moon Sign』
https://www.ks-selection.com/blog

ブログ『Keiko的、占星術な日々。』
https://ameblo.jp/hikiyose358/

LINEブログ
https://lineblog.me/keiko_official/

Instagram
@keiko_powerwish_jp（日本語）／ @keikopowerwish（英語）
https://www.instagram.com/keiko_lunalogy（日本語）

POWER WISH Note 2023

パワーウィッシュノート2023
2023.3/22 牡羊座 新月 – 2024.3/10 魚座 新月

2023年2月2日　第一刷発行

著者 ✦ **Keiko**（ケイコ）

発行者 ✦ 鈴木章一
発行所 ✦ 株式会社講談社
　　　　〒112-8001　東京都文京区音羽2-12-21
　　　　電話　03-5395-3814（編集）
　　　　　　　03-5395-3606（販売）
　　　　　　　03-5395-3615（業務）

印刷所 ✦ 大日本印刷株式会社

製本所 ✦ 大口製本印刷株式会社

編集 ✦ 藤本容子

装丁・本文デザイン ✦ 渡邉有香（primary inc.,）

写真提供 ✦ Shutterstock